EGON ADERHOLD

DAS GESPROCHENE WORT

SPRECHKÜNSTLERISCHE GESTALTUNG
DEUTSCHSPRACHIGER TEXTE

HENSCHEL VERLAG
BERLIN

Mit Dank an meine Frau

Inhaltsübersicht

Vorwort

Das vorliegende Buch ist eine Anleitung, keine Anweisung. Es möchte ein Handbuch für diejenigen sein, die sich aus beruflichen Gründen oder aus Freude an der Literatur mit der sprechkünstlerischen Gestaltung von Dichtung beschäftigen. Ich habe mich auf Werke der deutschen Dichtung beschränkt.
Ästhetische Wertungen der Texte wurden vermieden; desgl. literarhistorische und literaturwissenschaftliche Betrachtungen. Der Sprecher soll in keiner Weise auf eine bestimmte Aussage festgelegt werden. Er soll ganz den eigenen Intentionen folgen können. Darum wurde auch auf Tonwiedergaben verzichtet. In diesem Buch geht es vor allem um Handwerkliches, um die Erklärung und Erläuterung sprechkünstlerischer Grundgesetze.
Das Buch ordnet sich meinen Sprecherziehungsbüchern zu.
Werkzitat und Anleitung stehen nebeneinander und sind auf einen Blick zu übersehen: Auf der linken (geraden) Seite stehen die Werkzitate, auf der rechten (ungeraden) die Anleitungen.
Die Aufteilung in 7 Kapitel - ich nenne sie Bezugsebenen - geschah aus methodischen und pädagogischen Gründen. Selbstverständlich sind a l l e Kapitel auf j e d e n Text zu übertragen.
Ich bin vielen Schauspielerinnen, Schauspielern und Regisseuren an Berliner Theatern, vor allem aber am Deutschen Theater zu Dank verpflichtet. Ihre künstlerische Arbeit übte großen Einfluß auf meine eigene aus. Danken möchte ich auch allen jenen Studentinnen und Studenten, die ich habe ausbilden dürfen und denen ich kostbare Anregungen verdanke.

Birkenwerder 1994

Erläuterungen

Alliteration (Stabreim): Reim auf gleichen Lauten (*H*aus und *H*of).

Enjambement: Zeilensprung in Versdichtung; der Sinnschritt "überspringt" das Zeilenende.

Gedanke: umfaßt Anfang und Ziel einer Aussage, deren sprachliche Struktur sich jedoch erst mit dem Sprechakt in Gestalt von Sinnschritten herausbildet; jedem Gedanken geht eine Inspiration (Einatmung) voraus.

Jambischer Versbeginn: Vers beginnt mit Auftakt.

Kadenz: Versausgang.

Pause
- **vor einem Gedanken**: ist immer zugleich Einatmungseinschnitt;
- **vor einem Sinnschritt**: muß nicht zwangsläufig ein Einatmungseinschnitt sein; Pausen sind länger als Zäsuren; für die Dauer einer Pause gibt es kein Maß.

Melos (steigend und fallend): Sprechmelodie.

Polysyndeton: Stilfigur, in der Aufzählungen mit gleichen Konjunktionen (z.B. mit *und*) verbunden sind.

Schluß (steigend und fallend): analog zu Melos; steigender oder fallender stimmlicher Abschluß eines Gedankens oder Sinnschrittes.

Sinnschritt: gliedernder Teil eines Gedankens während des Sprechens; Sinnschritte sind von Pausen und Zäsuren eingeschlossen, von sogenannten "Schaltstellen" oder "Indifferenzpunkten"[1] unseres Gehirns; Einatmung ist vor und nach Sinnschritten nicht zwingend.

Synästhesie: Mitempfindung bestimmter für das gereizte Sinnesorgan untypischer Sinneswahrnehmungen; z.B. in der Wortverbindung "schreiendes Rot" ist eine optische Reizung (Farbe) mit einer akustischen (Schrei) gekoppelt.

Trochäischer Versbeginn: Vers beginnt mit betonter Silbe (Hebung), also ohne Auftakt.

Zäsur: kurzer Einschnitt zwischen Sinnschritten; einem Begriff vorangestellt, kann eine Zäsur dessen Bedeutung hervorheben.

⇨ Fortsetzung auf der übernächsten Seite (**gerade Seiten**: Werkzitate; **ungerade Seiten**: Anleitungen).

---

[1] s. S. 23

①HÖRERBEZUG

Der Hörer- oder auch Partnerbezug schafft die Atmosphäre (die "**Stimmung**") zwischen Sprecher und Hörer: Man "stimmt überein" oder nicht. *Sprich, damit ich dich sehe,* sagt SOKRATES, anders ausgedrückt: *Sprich, damit ich dich* "erkenne". Der Hörerbezug stellt sich nicht nur durch **Blickkontakt**, sondern vor allem durch die Stimme des Sprechers her.

Interessant ist in diesem Zusammenhang, daß sich unser Wort "**Persönlichkeit**" aus dem antiken Theater herleitet. Was hinter der Maske stand, der Schauspieler, war die "Person", deren Stimme "durch die Maske tönte" (per sonare = hindurch tönen). Wir bezeichnen als Persönlichkeit jenen Gesprächspartner, der "ungeschminkt", ohne Maskerade zu uns spricht, eben den, "der Gesicht zeigt".

Blickkontakt heißt nicht, den Hörer fortlaufend anzusehen oder ihn gar zu "mustern", abzuschätzen. Gegen jede Art von Musterung wehrt sich der Hörer, indem er die Aufmerksamkeit verweigert. Auch sollten Sie beim Rezitieren den Hörer niemals "privat" ansehen. Damit reißen Sie ihn aus der Anonymität heraus, stellen ihn sozusagen zur Schau und zerstören die Atmosphäre, jene Überein"stimmung" mit dem Hörer in Bezug auf das Werk. Während des Rezitierens sprechen Sie zwar einzelne an, meinen aber immer alle! Sie sollten die Aufmerksamkeit a l l e r auf Ihren Vortrag ziehen. Aus dem Blick des Hörers entnehmen Sie, ob er Ihnen folgen kann oder nicht. "Buhlen" Sie um die Aufmerksamkeit, erzwingen Sie sie. Durch die Klarheit des Gedankens, den Sie "vordenken", durch die Suggestivkraft der Pausen, beeinflussen Sie die Bereitschaft mitzudenken. Je stärker Sie sich auf die Aussage des Textes konzentrieren, desto sicherer sind Sie der **Teilnahme des Hörers**. Arbeiten Sie mit **Untertexten** ("Ist das nicht gut!" / "Stellen Sie sich vor!" / "Hören Sie sich das an!" u.ä.), die Sie schon wärend Ihrer Vorbereitungsphase bei bestimmten Textpassagen "im Hinterkopf" behalten. Der einzelne Hörer sollte sich durch jedes Ihrer Worte wie persönlich angesprochen fühlen (das ist kein Widerspruch zu dem oben Gesagten). Lampenfieber und die eigene Eitelkeit, aber auch Unruhe im Hörerkreis überwinden Sie durch Konzentration auf Ihren Hörer und auf das Kunstwerk. Je deutlicher Sie wissen, was Sie wollen, desto überzeugender sind Sie.

Sind die Hörer **Kinder**, ist der Hörerbezug besonders wichtig. Kinder sind ungeduldig und werden sofort unruhig, wenn Sie den Bezug zum Sprecher und zum Inhalt des Textes verlieren. Nehmen Sie dennoch oder gerade deshalb die Kinder wie Erwachsene. Stellen Sie sich dabei auf ihr Denk- und Reaktionsvermögen ein. Aber machen Sie sich nicht selbst zum Kinde (kindliche Sprechweise) oder zum Clown (kindisches Gehabe). Vermeiden Sie jede Belehrung.

Wenn Sie mit Kindern arbeiten, achten Sie besonders auf den Sinn- und Hörerbezug. Um das "Aufsagen" von Gedichten durch sinnbezogene Interpretation zu ersetzen, empfehle ich Ihnen, sich mit dem Unterschied von Schrift und gesprochener Sprache zu beschäftigen. Lernen Sie, den unseligen Einfluß der Interpunktion auf das Lesen und Rezitieren zu überwinden (s. auch Kap.3, S.22ff).

① Johann Wolfgang Goethe: aus *West-östlicher Divan*

Selige Sehnsucht

Sagt es niemand, nur den Weisen,
Weil die Menge gleich verhöhnet;
Das Lebendge will ich preisen,
Das nach Flammentod sich sehnet.

In der Liebesnächte Kühlung,
Die dich zeugte, wo du zeugtest,
Überfällt dich fremde Fühlung,
Wenn die stille Kerze leuchtet.

Nicht mehr bleibest du umfangen
In der Finsternis Beschattung,
Und dich reißet neu Verlangen
Auf zu höherer Begattung.

Keine Ferne macht dich schwierig,
Kommst geflogen und gebannt,
Und zuletzt, des Lichts begierig,
Bist du, Schmetterling, verbrannt.

Und solang du das nicht hast,
Dieses: Stirb und Werde!
Bist du nur ein trüber Gast
Auf der dunklen Erde.

Das nebenstehende Gedicht richtet sich direkt an den Hörer (bzw. an eine Hörerschaft - die Aufforderung, nicht jeden einzuweihen, steht im Plural!).

Das Gedicht ist mit diesem direkten Hörerbezug keine Ausnahme. J e d e Dichtung braucht den Kontakt zum Hörer oder doch zumindest zu einem Leser und richtet sich an ihn.

Selige Sehnsucht ist ein Bild, in einen Rahmen gefaßt. Die erste und letzte Strophe sind der Rahmen. Er schafft durch die Art seines Hörerbezugs **stimmliche Nähe**. Der Sprecher zieht den Hörer dicht an sich heran, macht ihn zum Auserwählten, der aus der Menge ragt. Dadurch wird die Erwartung auf das Kommende verstärkt. Die Stimme des Sprechers ist gedämpft, "raunend". Sie erzwingt die nötige Stille im Raum.

Die drei inneren Strophen sind das eigentliche Gemälde: Kerze und Nachtfalter vor dunklem, kaum erhelltem Hintergrund. Auch hier wird ein Partner angesprochen. Erst am Schluß erfahren wir, wem das *Du* gilt - dem Schmetterling. Der Hörer identifiziert sich mit jenem geheimnisvollen *Du*. Später, wenn er die Lösung des Rätsels erfährt, hat er sich selbst längst in einen Schmetterling verwandelt, ist in einen Sog gezogen worden, der ihn bis ans Ende der vierten Strophe nicht losläßt, der mit dem Gefühl *fremder Fühlung* beginnt, bei dem Wort *begierig* einen Höhepunkt erfährt, und ihn erst mit dem Wort *verbrannt* wieder entläßt.

An folgenden Stellen empfehle ich einzuatmen: In der 1., 2., 4.und 5. Strophe nach jeder Zeile; in der 3. Strophe. nach der zweiten und der vierten Zeile.

Versuchen Sie, ein stereotypes Anheben der Stimme an den Zeilenenden zu vermeiden. Sprechen Sie so oft wie möglich mit (**fallendem Schluß**)[2] . Zum Beispiel sollten Sie in der ersten Strophe die einzelnen, hier durch Komma getrennten Gedanken mit fallendem Schluß sprechen und keineswegs vor dem Komma die Stimme heben.

Bei der stimmlichen Steigerung von der zweiten zur vierten Strophe, beachten Sie die **Stimmhöhe**! Das Wort *begierig* (in der 4. Strophe) ist der höchste Gipfel im ganzen Gedicht, bleibt aber immer noch im unteren Drittel Ihres gesamten Stimmumfangs! Bei *gebannt* und *begierig* empfiehlt sich steigendes Melos. Die drei inneren Strophen stehen unter e i n e m Spannungsbogen. Jede Strophe beginnt ein wenig höher als die vorangegangene. Die zweite und dritte Strophe haben schwebenden Schluß.

---

[2] siehe "Erläuterungen" S.5

①RAINER MARIA RILKE: *Herbsttag*

Herr: es ist Zeit. Der Sommer war sehr groß.
Leg deinen Schatten auf die Sonnenuhren,
und auf den Fluren laß die Winde los.

Befiehl den letzten Früchten voll zu sein;
gib ihnen noch zwei südlichere Tage,
dränge sie zur Vollendung hin und jage
die letzte Süße in den schweren Wein.

Wer jetzt kein Haus hat, baut sich keines mehr.
Wer jetzt allein ist, wird es lange bleiben,
wird wachen, lesen, lange Briefe schreiben
und wird in den Alleen hin und her
unruhig wandern, wenn die Blätter treiben.

Dies Gedicht RILKEs richtet sich an einen besonderen Hörer - an Gott. Dennoch ist es kein Gebet wie GOETHEs *Wanderers Nachtlied (I)*[3] . In RILKEs Gedicht wird keine Bitte vorgetragen, sondern hier spricht gleichsam der Erzengel mit seinem Herrn, erinnert ihn, ermahnt ihn.

Die Anfangszeile hat etwas Archaisches: *Herr: es ist Zeit.* Das ist ähnlich jenem: "Herr, die Not ist groß!" oder jenem Ruf Gottes: "Wo bist du, Adam?". Genau so sollten Sie die erste Zeile sprechen. Die ersten beiden Strophen richten sich folglich nicht d i r e k t an Ihren Hörer. Er ist nur Teilnehmer eines "höheren" Dialogs. Er steht - zumindest in der ersten Strophe - außen vor.

Betrachten Sie den Ablauf des (einseitigen) Dialogs: Die erste Strophe beginnt mit der Anrede und jenen beiden Gedanken der ersten Zeile. Sie sollten jeden Gedanken mit **fallendem Schluß** sprechen, danach eine Pausen halten und neu einatmen. Die Pausen sind besonders wichtig. Der Hörer braucht sie, um die Gedanken und die nun folgenden Bilder in sich entstehen zu lassen. Die Pausen genügen, jeder Versuch, die Bilder stimmlich "nachzumalen" stört, jeder "melodische Singsang" lenkt ab und kehrt ins Gegenteil. Sprechen Sie ruhig und klar: Die Wörter und Bilder haben ein Eigenleben, das sich durch die Pausen, die Sie einhalten, entfalten kann.

Sonnenuhren/Fluren hier steht das Reimwort mitten in der Zeile.

Die zweite Strophe nähert sich allmählich - von Zeile zu Zeile - der Ebene des Hörers. Die hohe Warte wird verlassen, Gott zieht sich zurück; es geht um "menschliche Belange". Auch hier sprechen Sie möglichst mit fallendem Schluß. Zeilenende und Ende eines Gedankens fallen zusammen. Nur die 3. Z. drängt über das Zeilenende hinweg zur nächsten Zeile (**Enjambement**[4]). In dieser 3. Z. endet der erste Gedanke mit dem Wort *hin*, wonach Sie atmen können. Der nächste Gedanke beginnt mit *und* und endet mit *Wein*. Am Ende der 3.Z. dürfen Sie folglich nicht atmen, müssen aber - wegen des Enjambements eine Zäsur halten.

Die dritte Strophe richtet sich, wenn auch nicht direkt, an den Hörer. Der Sprecher spricht zu sich selbst, er bezieht den Hörer ein, aber wendet sich ihm nicht direkt zu. Dieser nur **indirekte Hörerbezug** hält das Gedicht auf Distanz. Auch hier wieder **fallendes Melos**, nur in der 3. Z. leicht steigendes, mit Pausen nach jeder Aufzählung, nachdenklich, sinnend. Die 4. zur 5. Z. enthält wieder ein Enjambement. Halten Sie wieder die kurze Zäsur nach *her*, und sprechen Sie dann den Gedanken zuende bis *wandern*. Darauf folgt noch ein Sinnschritt, vor dem Sie nicht einatmen sollten.

Ich empfehle, dieses Gedicht und andere, die Ihnen zusagen, auswendig zu lernen.

---

[3] vergl. S. 108 f.
[4] s.S. 19 und in den "Erläuterungen" S. 5

①aus Die Kinder und Hausmärchen der BRÜDER GRIMM[5]

Der alte Großvater und der Enkel

Es war einmal ein alter Mann, der konnte kaum gehen, seine Knie zitterten, er hörte und sah nicht viel und hatte auch keine Zähne mehr. Wenn er nun bei Tische saß, und den Löffel kaum halten konnte, schüttete er Suppe auf das Tischtuch, und es floß ihm auch etwas wieder aus dem Mund. Sein Sohn und dessen Frau ekelten sich davor, und deswegen mußte sich der alte Großvater endlich hinter den Ofen in die Ecke setzen, und sie gaben ihm sein Essen in ein irdenes Schüsselchen, und noch dazu nicht einmal satt, da sah er betrübt nach dem Tisch, und die Augen wurden ihm naß. Einmal auch konnten seine zittrigen Hände das Schüsselchen nicht festhalten, es fiel zur Erde und zerbrach. Die junge Frau schalt, er aber sagte nichts und seufzte nur. Da kauften sie ihm ein hölzernes Schüsselchen für ein paar Heller, daraus mußte er nun essen: wie sie nun da so sitzen, so trägt der kleine Enkel von vier Jahren auf der Erde kleine Brettlein zusammen. "Was machst du da?" fragt der Vater. "Ei, antwortete das Kind, ich mach ein Tröglein, daraus sollen Vater und Mutter essen, wenn ich groß bin." Da sahen sich Mann und Frau eine Weile an, fangen endlich an zu weinen, holten alsofort den alten Großvater an den Tisch, und ließen ihn von nun an immer mit essen, sagten auch nichts, wenn er ein wenig verschüttete.

---

[5] nach der im Antiqua-Verlag GmbH, Lindau, o.J. gedruckten Urfassung von 1812/1814

Lesen Sie das nebenstehende Märchen einem Partner vor. Es wird auf eine schöne und schlichte Weise erzählt, indem alles Überflüssige vermieden und nur berichtet wird, was für das Verständnis der Aussage nötig ist. Versuchen Sie, den sachlichen, fast trockenen Ton zu erreichen, den das Märchen vorgibt[6]. Dadurch entgehen Sie der Gefahr, sentimental zu werden.

Dieses Märchen ist keineswegs nur auf den kindlichen Hörer zugeschnitten. Ich würde es darum auch nicht zur Kinderliteratur zählen, wenn es die in einem solch ausschließlichen Hörerbezug überhaupt gibt, was ich bezweifle.

Die Verfasser bedienen sich des sog. **Polysyndetons**[7] mit *und*. Dadurch stellt sich eine naive Erzählweise her, die Sie aber nicht durch eine wie auch immer geartete Stimmfärbung ausdrücken müssen. Dem entsprechen auch die knappen **Sinn-schritte**. Sie können hier die besondere Form des **fallenden Melos** erproben[8]. Lesen Sie das Märchen abwechselnd mit steigendem Schluß (indem Sie vor jedem Komma die Stimme heben) und schließlich mit fallendem Schluß. Beurteilen Sie selbst die Wirkung.

Ich habe absichtlich die alte Fassung mit ihrer Interpunktion[9] und ihrem Textbild übernommen. Komma und Punkt spielen hier eine ähnlich gliedernde Rolle wie unsere **Sinnschritte,** sind aber keine Anweisung für den Melosverlauf.

Sprechen Sie so oft wie möglich (in diesem Falle fast alle Sätze) mit fallendem Schluß - auch die Frage des Vaters (!). Nur die letzten drei oder vier Zeilen vertra-gen steigendes Melos (natürlich die Schlußzeile ausgenommen).

Ich empfehle Ihnen sehr diese Art melodischer Führung. Es fällt Ihnen sicher anfangs schwer, sie einzuhalten. Lassen Sie sich nicht entmutigen! Beobachten Sie sich, wenn Sie frei reden. Z.B. würden Sie diesen Satz - "Beobachten Sie sich, wenn Sie frei reden!" - in freier Rede (also ohne Bindung an einen vorgegebenen Text) bestimmt "ohne Komma", d.h. ohne Pause und ohne Stimmhebung sprechen.

Bei der **wörtlichen Rede** sollen Sie nicht etwa Ihre Stimme verstellen[10], also den kleinen Jungen mit hoher, den Vater mit tiefer Stimme wiedergeben. Sie sollten die Unterscheidung zwischen Vater und Sohn lediglich durch geringe Änderung der Stimmfarbe andeuten. Ähnlich verhält es sich mit den Interjektionen, hier das *ei* in der Antwort des Kindes. Der Grad jeder stimmlichen Nachahmung (egal, ob Mann oder Frau, Tier oder Fabelwesen imitiert werden) wird vom Geschmack des Sprechers bestimmt! Ein Zuviel lenkt ab und hat im günstigsten Fall nur erheitern-de Wirkung.

---

[6] nach Mitteilung der GEBRÜDER GRIMM, haben sie die Erzählung so wiedergegeben wie sie STILLING (gemeint ist JUNG-STILLING) in seinem *Leben* erzählt
[7] siehe "Erläuterungen", S. 5
[8] siehe z.B. auch die Anweisungen zu *Michael Kohlhaas* von KLEIST, S. 31 f.
[9] vergl. Kap. 3 über Sinnbezug und S. 32 und 37 über die Interpunktion
[10] "verstellt" werden Stimmen nur in Theaterstücken, in denen Tiere auftreten, und auch da nur andeutungsweise

①WILHELM BUSCH: aus *Max und Moritz*

aus Vierter Streich

Also lautet ein Beschluß,
daß der Mensch was lernen muß. -
Nicht allein das A-B-C
bringt den Menschen in die Höh';
nicht allein im Schreiben, Lesen
übt sich ein vernünftig Wesen;
nicht allein in Rechnungssachen
soll der Mensch sich Mühe machen;
sondern auch der Weisheit Lehren
muß man mit Vergnügen hören. -

Daß dies mit Verstand geschah,
war Herr Lehrer Hämpel da. -

Max und Moritz, diese beiden,
mochten ihn darum nicht leiden;
denn wer böse Streiche macht,
gibt nicht auf den Lehrer acht. -

Die berühmten BUSCHverse sind humoristisch-satirische Kurztexte zu den entsprechenden Bildfolgen. Auf keinen Fall wollen Sie nur belehren oder gar moralisieren. Auch bei Kindern sollte der Text vor allem Heiterkeit, Humor und Ironie verbreiten. Im hier zitierten vierten Streich z. B. geht es nicht so sehr um die Autorität eines Lehrers als vor allem um einen schrulligen Dorf-"Hämpel" (siehe sein Porträt!), der eben Lehrer ist.

Die Rezitation solcher Literatur ist nicht einfach: Die **Knittelverse** müssen in ihrer scheinbar naiven Reimform und ihrer monotonen Rhythmik vom Sprecher wiedergegeben werden. Alles drängt auf das Reimwort hin und damit auf das jeweilige Zeilenende. Diese Hervorhebung des Endreims wird noch verstärkt durch die Zweizeilerform.

Das macht den Vortrag so schwer: Sie müssen den charakteristischen Endreim hervorheben, dürfen aber den Sinn nicht vernachlässigen. Der Endreim, zusammen mit der Zweizeilerstruktur, ist das eigentlich komische Element dieses Genres. Ihr Vortrag darf aber nicht zum Reimgeklingel werden. Damit würden Sie die Dichtung denunzieren.

Vor solchem "Absturz" bewahrt Sie zweierlei: Die Beachtung des Melos und die sorgfältige, ja pedantische Unterscheidung zwischen Pausen mit und ohne Einatmung. Beides hängt in entscheidendem Maße vom **Sinn-** und **Formbezug** (s. d.) ab.

In der Regel drückt jeder Zweizeiler bei BUSCH jeweils e i n e n Gedanken aus. Auch das erzeugt die komische Wirkung dieser Verse.

Aber beachten Sie: Die Zeilen 3 bis 10 umfassen zwar insgesamt 4 Gedanken (= 4 Zweizeiler), stehen aber unter der Klammer e i n e s übergeordneten Hauptgedankens, der in dem Begriff *der Weisheit Lehren* gipfelt. Sie können folglich nach jedem Zweizeiler atmen, nicht aber nach seiner ersten Zeile. Das sind hier die Zeilen ohne Semikolon.(Schließen Sie aber daraus nicht, ein Semikolon hätte grundsätzlich etwas mit der Atmung zu tun!). Jede zweite Zeile ist der vorangehenden untergeordnet und sollte mit **fallendem Melos** gesprochen werden.

Testsatz: "Nicht allein d*a*s und d*a*s und d*a*s, sondern auch d*ie*ses ist zu tun".

Übertragen Sie den Testsatz auf die entsprechenden Zeilen. Jedes "das" im Testsatz steht für einen Zweizeiler. Es ergeben sich Akzente auf den Wörtern *A-B-C / Schreiben, Lesen / Rechnungssachen* und schließlich als abschließender Akzent *der Weisheit Lehren* (= "d*ie*ses" im Testsatz). Die letzten Worte des Testsatzes ("ist zu tun") ordnen sich a l l e m Vorangegangenen (durch fallendes Melos) unter. Ähnlich verhalten sich a l l e zweiten Zeilen des Busch-Beispiels! Wenn Ihnen diese Übertragung gelingt, entgehen Sie der Gefahr sinnentleerten "Gedichtaufsagens".

②RAUMBEZUG

Es versteht sich von selbst, daß dieses Kapitel (wie alle anderen auch) nicht nur auf das jeweils zitierte Werk angewandt werden soll. Den Raumbezug müssen Sie immer herstellen, egal, was und wo Sie sprechen.

Wir verstehen unter **Raumbezug** die Berücksichtigung der Eigenresonanz des Raumes durch den Sprecher. Haltung, Atmung, Lautstärke, selbst die Intensität der Sprechbewegungen (Artikulation) hängen von der Größe des Raumes ab. Dennoch kann man nicht einfach die Regel aufstellen: Je größer der Raum, desto größer die Sprechintensität und umgekehrt. Es gibt große Räume, in denen selbst die leisesten Töne noch "ankommen", und kleine Räume mit miserabler Akustik. Je schlechter die Raumakustik, desto ökonomischer, desto vorsichtiger muß man mit der Stimme umgehen!

Es ist darum empfehlenswert, vor dem Auftritt in einem Raum, den Sie nicht kennen, eine **Stimmprobe** vorzunehmen (obgleich die Eigenakustik in einem leeren Raum anders ist als in einem besetzten): Wechseln Sie bei einer solchen Probe den Standort (auf der Bühne, im Saal oder im Freien), während Sie einen Ton (z.b. auf der Silbe *hom)* summend aus der Kopfresonanz in die Indifferenzlage gleiten und an- und abschwellen lassen. Merken Sie sich während dieser Probe, welche Stimmhöhe für Sie am günstigsten ist.

Der **Eigenton des Raumes** verstärkt Ihre Stimme. Er "spricht an", wenn der von Ihnen produzierte Ton im Frequenzbereich des Raumes liegt. Sie hören und spüren die Einwirkung der Raumakustik nach einiger Übung sehr deutlich.

Ist der Ton hallig, müssen Sie das Sprechtempo generell zügeln, ist er stumpf und flach, sollten Sie die Orallaute besonders im Mundvorhof bilden und die Nasallaute für die Stimmgebung nutzen. Vermeiden Sie in größeren Räumen mit mäßiger Akustik starken Lippenbreitzug. Lippenbreitzug verengt die Resonanzräume des Ansatzrohres; die Stimme wird heller, aber auch flacher; sie wird "quäkig".

Wenn Sie vor das Publikum treten, achten Sie auf **Sichtkontakt.** Benutzen Sie die **Ansage** oder einleitende Worte als erneute Stimmprobe. Je ruhiger und klarer Sie die Ansage machen, desto leichter überwinden Sie das Lampenfieber, das sich vor jedem öffentlichen Vortrag einstellt. Verzichten Sie möglichst auf ein Pult, einen großen Tisch, eine ausladende Lampe zwischen sich und dem Publikum. Benutzen Sie als Textunterlage z.B. einen Notenständer.

Wenn Sie **im Freien** sprechen müssen, achten Sie auf die Windrichtung. Je lauter Sie sein müssen, desto langsamer sollten Sie sprechen.

Der **Gebrauch eines Mikrofons** ist für das Dichtungssprechen im allgemeinen ungeeignet und wenig empfehlenswert. Wenn Sie unbedingt zur Verstärkung der Stimme ein Mikrofon benötigen, machen Sie vor Beginn eine Mikrofonprobe. Zügeln Sie die Stimmintensität, sprecher Sie eher für Ihr Gefühl zu leise als zu laut. Versuchen Sie, das Mikrofon als Sprech"partner" zu nehmen.

②FRIEDRICH SCHILLER: aus *Prolog* zu *Wallensteins Lager*

Prolog.
Gesprochen bei Wiedereröffnung der Schaubühne in Weimar im Oktober 1798

1   Der scherzenden, der ernsten Maske Spiel,
Dem ihr so oft ein willig Ohr und Auge
Geliehn, die weiche Seele hingegeben,
Vereinigt uns aufs Neu in diesem Saal -
5 Und sieh! er hat sich neu verjüngt, ihn hat
Die Kunst zum heitern Tempel ausgeschmückt,
Und ein harmonisch hoher Geist spricht uns
Aus dieser edlen Säulenordnung an
Und regt den Sinn zu festlichen Gefühlen.

10   Und doch ist dies der alte Schauplatz noch,
Die Wiege mancher jugendlichen Kräfte,
Die Laufbahn manches wachsenden Talents.
Wir sind die Alten noch, die sich vor euch
Mit warmem Trieb und Eifer ausgebildet.
15 Ein edler Meister stand auf diesem Platz,
Euch in die heitern Höhen seiner Kunst
Durch seinen Schöpfergenius entzückend.
O! möge dieses Raumes neue Würde
Die Würdigsten in unsre Mitte ziehn
20 Und eine Hoffnung, die wir lang gehegt,
Sich uns in glänzender Erfüllung zeigen.
Ein großes Muster weckt Nacheiferung
Und gibt dem Urteil höhere Gesetze.
So stehe dieser Kreis, die neue Bühne
25 Als Zeugen des vollendeten Talents.
Wo möcht' es auch die Kräfte lieber prüfen,
Den alten Ruhm erfrischen und verjüngen,
Als hier vor einem auserles'nen Kreis,
Der, rührbar jedem Zauberschlag der Kunst,
30 Mit leisbeweglichem Gefühl den Geist
In seiner flüchtigsten Erscheinung hascht?

SCHILLERS *Prolog zu Wallenstein* ist wie kaum ein anderer Text auf einen großen Saal (in diesem Fall auf den Zuschauerraum eines Theaters) und die entsprechend große Hörerschaft zugeschnitten.

> Ein solcher Zuschnitt ist die Ausnahme. Ich kenne kaum Texte, die so auf große Räume festgelegt sind. Ausnahmen sind gewisse Reden in Theaterstücken (z.B. in *Dantons Tod* von BÜCHNER), vielleicht auch einige Bibeltexte.

Der *Prolog* ist ein Einführungs-Vortrag in den *Wallenstein* und zugleich ein Schulbeispiel für den Aufbau einer Rede (im Sinne eines freien oder gelesenen Vortrags). Es lohnt sich, den ganzen Prolog zu lesen und den Aufbau der Rede zu studieren.

Einer scheinbar behaglichen Weitschweifigkeit am Anfang des Prologs, die durch den umhergleitenden Blick noch verstärkt wird, setzt der strenge (fünffüßige) **jambische Vers** eine Grenze. Der Jambus beginnt mit Auftakt (Betonung der zweiten Silbe):

> *Der | schér-zen | dén, der | érn-sten | Más-ke | Spíel*

Durch das sogen. **Enjambement**[11] (Versbrechung, Zeilensprung) entstehen reizvolle Spannungen, die sich auch auf die Sinngebung auswirken. So sollte z.B. am Ende der zweiten Zeile, obwohl der Sinnschritt in die nächste Zeile hinüberwechselt, eine **Zäsur** eingehalten werden, bei der aber nicht eingeatmet werden darf. Durch die Besonderheit des Enjambements in Verbindung mit dem Jambus ergibt sich eine leichte Betonung der zweiten Silbe am Anfang der nächsten Zeile (hier in der 3. Z. das i in *gelíehn*). Ähnlich ist der Übergang von der 5. zur 6. Zeile:

> *..ihn hát / die Kúnst..*(Der Querstrich deutet die Zäsur, der Akzent die leichte Betonung an).

Sollten Sie Gelegenheit haben, in einem großen Raum zu üben, so richten Sie Ihre Aufmerksamkeit auf die Pausen. Der Raum wird auf diese Weise beherrschbar. Sie "füllen" den Raum, so paradox es klingt, nicht durch Lautstärke, sondern durch Pausen. Das Enjambement spielt dabei eine wesentliche Rolle. Indem Sie es berücksichtigen, gewinnen Sie ein Gestaltungsmittel, das Ihnen hilft, den Sinn hervorzuheben, nicht, ihn zu zerstören, was manche Sprecher und Regisseure glauben machen wollen. Je größer der Raum, desto wichtiger die Gliederung des Textes! Leider habe ich Ihnen in diesem Rahmen nur einen geringen Ausschnitt des *Prologs* bieten können. Ich empfehle Ihnen, ihn ganz durchzuarbeiten. Berücksichtigen Sie dabei die in den folgenden Kapiteln gegebenen Anweisungen. Was unter "Melos", "Vers", "Rhythmus" und "Lautfarbe" steht, gilt natürlich auch für das hier angeführte Textbeispiel.

---

[11] zum Verssprechen siehe u.a. Kap. 5

② ALFRED MOMBERT: *Wann das Leben dich tötet*

Wann das Leben dich tötet,
lausche meinem Gesang.
Ich komme auf dich zu aus einem dunklen Gang
und trage ein glänzend Herz in den Händen.
Du mußt dich nicht wegwenden:
Schaue mich an.

Dieses Gedicht ist kaum für einen großen Saal geeignet. Es sei denn, er hat eine besonders gute Akustik, die auch leiseste Töne wiedergibt, und er ist gut besucht, was ebenfalls Einfluß auf die Akustik hat..

> Die Atmosphäre eines Raumes spielt eine nicht unwesentliche Rolle. Es ist ein Unterschied, ob Sie in einer Kneipe, einem Saal, einem Wohnzimmer, einer Aula usw. sprechen - nicht so sehr wegen der unterschiedlichen Raumgrößen als wegen der unterschiedlichen "Nähe", die der Raum zum Publikum herzustellen vermag, und der "Stimmung", die er vermittelt.
>
> Bestimmte Autoren - vor allem der Kreis um STEFAN GEORGE, dieser selbst und einige Neuromantiker - forderten für ihre Rezitationsdarbietungen oft ein besonderes Interieur, wie Kerzen, Samtvorhänge, abgedunkelte Fenster etc. Solche Veranstaltungen waren fast immer Inszenierungen einer Selbstdarstellung.
>
> Auch die Verwendung von Spots (Punktlicht), Möbelgruppierungen für den Rezitator, Aufstellung von Bildern und ähnlichem haben Einfluß auf die Atmosphäre des Raumes.

MOMBERT gehört zu den fast vergessenen deutschen Dichtern. Zu Unrecht, wie Sie an dem Zitat erkennen können. Es ist ein Liebesgedicht, sehr verhalten, sehr leise, nicht für eine große Öffentlichkeit gedacht.

> Dennoch oder gerade darum, ist besonders zu beachten, daß kein einzelner Hörer durch den Rezitator "herausgehoben" werden darf. Das ist ein Grundgesetz jeder öffentlichen Rezitation: Der Eigenraum des Hörers (seine "Aura")darf nicht verletzt werden, indem man den Einzelnen aus der Anonymität hebt.

Das Gedicht suggeriert auf eindrucksvolle Weise einen Raum. Es ist, als wäre das ganze Gedicht nur dieses Bildes wegen entstanden: Jemand kommt *aus einem dunklen Gang* auf den Hörer zu. Die entsprechenden Zeilen bestehen aus zwei Gedanken, von denen der eine mit l e i c h t steigendem Schluß und folgender längerer Pause, während der andere mit allmählich fallendem Melos endet.
In diesem Gedicht verlangt j e d e Zeile nach einer längeren Pause. Auch können Sie nach jeder Zeile atmen. Sie "füllen" den Raum mit Pausen, wobei durch den **schwebenden Schluß**, den Sie nach der ersten, dritten und letzten Zeile sprechen sollten, den Pausen besondere Spannung verliehen wird.
In der vierten Zeile ist eine kurze **Zäsur** nach *Herz* angebracht, ohne dabei neu zu atmen.
Die fünfte Zeile dürfen Sie nicht mit steigendem Melos sprechen. Der Ton macht hier die Musik: innige Zuwendung. Sie finden den Ton leichter, wenn Sie auf Ihre innere Handfläche sprechen, als würden Sie einen Schmetterling vorsichtig anhauchen. Wenn Sie glauben, die richtige Zuwendung gefunden zu haben, lassen Sie die Geste weg, und sprechen Sie auf ähnliche Weise den vorgestellten Partner an. Vermeiden Sie aber, den Ton zu "verhauchen". Sprechen Sie mit klarer Stimme.
Auch in der letzten Zeile empfehle ich Ihnen, nach *Schaue* eine Zäsur zu halten. Durch solche kurzen Einschnitte werden die Bilder plastischer.
Das Wort *Wann*, das das Gedicht eröffnet, steht für "wenn" und hat einen besonderen klanglichen Reiz.

③SINNBEZUG

Dichtung ist wie die Musik vor allem eine auditive Größe. Die geschriebene Sprache ist ein Behelf wie das Notensystem, aber weniger verläßlich als dieses. Die **Interpunktionen** geben z.b. keine Auskunft über das Sprechmelos. Ein Fragezeichen bedeutet nur selten Heben, ein Ausrufezeichen nicht in jedem Falle Senken der Stimme. Kommata sind keine Anweisungen für steigendes Melos, Punkte nicht immer für fallendes. Der melodische Verlauf hängt vor allem vom **Sinn** ab. Erst während des Sprechens findet die eigentliche Sinngebung statt. Mit dem ersten Wort weiß der Sprecher nur "ungefähr", was er sagen will. Der **Gedanke** ist keineswegs schon klar im Bewußtsein formuliert, wenn Sie zu reden beginnen. Im Laufe des Sprechaktes bekommt der Gedanke Gestalt. Mit jedem Wort, das Sie sprechen, "verdichtet" sich der Sinn und damit die Aussage. Ein Gedanke, der als Idee im Gehirn vorhanden ist, "klärt" sich im Zuge des Sprechaktes. Die Formulierung erfolgt über **Sinnschritte**. Ein Sinnschritt kann durch Satzzeichen begrenzt sein, muß es aber nicht. Er ist Teil eines weiterführenden Gedankens und offenbar das Ergebnis einer von unserem Bewußtsein unabhängigen Planung des Gehirns. Die Sinnschritte sind durch Pausen oder Zäsuren voneinander abgegrenzt[12]. Man vermutet, daß diese Pausen den sog. "Indifferenzpunkten" des Gehirns entsprechen.

ERNST PÖPPEL[13] teilt in seiner Arbeit über die neusten Erkenntnisse auf dem Gebiet der Gehirnforschung mit, daß das Gehirn während des Spontansprechens etwa alle 2 bis 3 Sekunden Umschaltpunkte, sog. "Indifferenzpunkte" benötigt. Während der kurzen Pausen "plant" das Gehirn die nächste gedankliche Einheit. Offensichtlich können "Reize, die länger als zwei bis drei Sekunden dauern, als Ganzes nicht in unserem Bewußtsein gehalten werden." PÖPPEL stellte fest, daß auch die meisten Verszeilen in Gedichten[14] nicht länger als 2-3 Sek. Sprechdauer benötigen; sind sie länger (z.B im Hexameter), ergibt sich eine zeitliche Untergliederung in der Mitte des Verses.

Atmung und Textgliederung stehen in einem Wechselverhältnis zueinander. Für die gesprochene Dichtung ist die Atmung die eigentlich beseelende Kraft, das Agens all unserer Bemühungen. Jedem neuen Gedanken geht eine Inspiration voraus.

Inspiration bezeichnet sowohl einen Einfall als auch die Einatmung (!). Spiritus steht im Lateinischen für: Lufthauch, Atemzug, Lebenshauch; aber auch für Seele, Geist und frischer Mut.

Ein Gedanke kann sich über mehrere Textseiten ausdehnen. Das bedeutet jedoch nicht, daß darum schneller oder ohne Pausen gesprochen werden muß. Im Gegenteil: Je länger der Gedanke, desto deutlicher muß seine Gliederung durch Sinnschritte erfolgen! So wie Sie die Gedanken des Autors nachvollziehen, so folgt der Hörer Ihren gedanklichen Schritten. Wenn Sie nur Auswendiggelerntes reden, ohne wirklich mitzudenken, kann Ihnen der Hörer kaum folgen.

---

[12] siehe auch S. 33
[13] PÖPPEL, 1993 u.a.S. 80 ff.und 84 ff.
[14] 73% von 200 untersuchten deutschen Gedichten (von GRYPHIUS bis HOFMANNSTHAL)

③RAINER MARIA RILKE: aus *Duineser Elegien*

Die achte Elegie
Vers 1-34

1 Mit allen Augen sieht die Kreatur
das Offene. Nur unsre Augen sind
wie umgekehrt und ganz um sie gestellt
als Fallen, rings um ihren freien Ausgang.
5 Was draußen *ist*, wir wissens aus des Tiers
Antlitz allein; denn schon das frühe Kind
wenden wir um und zwingens, daß es rückwärts
Gestaltung sehe, nicht das Offne, das
im Tiergesicht so tief ist. Frei von Tod.
10 *Ihn* sehen wir allein; das freie Tier
hat seinen Untergang stets hinter sich
und vor sich Gott, und wenn es geht, so gehts
in Ewigkeit, so wie die Brunnen gehen.
Wir haben nie, nicht einen einzigen Tag,
15 den reinen Raum vor uns, in den die Blumen
unendlich aufgehn. Immer ist es Welt
und niemals Nirgends ohne Nicht: das Reine,
Unüberwachte, das man atmet und
unendlich *weiß* und nicht begehrt. Als Kind
20 verliert sich eins im Stilln an dies und wird
gerüttelt. Oder jener stirbt und *ists*.
Denn nah am Tod sieht man den Tod nicht mehr
und starrt *hinaus*, vielleicht mit großem Tierblick.
Liebende, wäre nicht der andre, der
25 die Sicht verstellt, sind nah daran und staunen ...
Wie aus Versehn ist ihnen aufgetan
hinter dem andern ... Aber über ihn
kommt keiner fort, und wieder wird ihm Welt.
Der Schöpfung immer zugewendet, sehn
30 wir nur auf ihr die Spiegelung des Frein,
von uns verdunkelt. Oder daß ein Tier,
ein stummes, aufschaut, ruhig durch uns durch.
Dieses heißt Schicksal: gegenüber sein
und nichts als das und immer gegenüber.

Elegien im klassischen Sinne sind die *Duineser Elegien* nicht. Das elegische Versmaß ist das des Distichons, ein Zweizeiler, wie der Name sagt, in der Regel aus einer Hexameter- und einer Pentameterzeile[15] bestehend. RILKE wählte, ähnlich wie GOETHE für die *Marienbader Elegie*, den **fünffüßigen Jambus**, das Versmaß mit Auftakt. Aber auch daran hält sich RILKE nicht sklavisch. So verlangt er z.B. am Anfang der Zeilen 10 und 14 ausdrücklich eine Betonung (verzichtet also auf den Auftakt).

Machen Sie sich zuerst mit dem Vers vertraut. Sprechen sie die Zeilen ein paarmal vor sich hin - ohne Sinnbezug, nur der den Versen entsprechenden Melodik und Rhythmik folgend. Beachten Sie jedoch das Enjambement. Versuchen Sie schließlich, die vom Autor durch Kursivdruck vorgegebenen Betonungen (z.T. gegen das Versmaß!) in Ihren Sprechrhythmus einzubetten. Beachten Sie auch die vielen Atmungseinschnitte innerhalb der Zeilen, die immer einen neuen Gedanken ankündigen.

Sie werden nach diesen Übungen sicher an der Unmöglichkeit verzweifeln, Sinn in das ganze zu bringen. Durch die schöne Hülle der Form scheint kein Eindringen möglich. Das erklärt, warum sich nur wenige (Profis wie Literaturliebhaber) an RILKE heranwagen. Wir wollen's dennoch versuchen. Wir kommen allerdings in diesem Falle nicht daran vorbei - gegen den Grundsatz dieses Buches -, Deutungen vorzunehmen.

Thematisch zählt RILKEs Meisterwerk durchaus zu den Elegien, deren Inhalte in der Regel trauernd und schwermütig sind. Auch in dieser Elegie kreisen die Gedanken um Tod und Lebenssinn. RILKE sieht den Menschen gefangen in *Welt* (bewußt ohne Artikel gesetzt), während das Tier nirgends *Welt* sieht, sondern überall d e n *reinen Raum* erlebt, einen offensichtlich grenzenlosen Raum. Des Menschen Blick ist stets rückwärts u n d vorwärts gewandt, wir haben immer unsere Vergänglichkeit vor Augen, immer den Tod als schreckliches Ende. *Das freie Tier hat seinen Untergang stets hinter sich* und um sich *das Reine, Unüberwachte, das Nirgends ohne Nicht* und *vor sich Gott.*

Wir wollen nun Zeile für Zeile den Sinn und damit eine für uns gültige Aussage herausfinden. Führen Sie die Arbeit erst ohne diese Anleitungen aus, stellen Sie selbst den **Sinnbezug** her. Danach vergleichen Sie Ihre Deutung mit meiner. Ich erhebe keinerlei Anspruch auf Alleingültigkeit. An erster Stelle steht Ihre eigene Deutung. Was Sie begründen und wohinter Sie stehen können, das allein sei die Grundlage Ihrer Interpretation.

Z. 2: *Offene* = jener für die Kreatur offene freie Raum jenseits der Welt;

Z. 3: *umgekehrt* meint zurückgewandt; *sie* = die Kreatur;

Z. 5: jenes *ist* zielt aufs reale Sein der Kreatur, in dessen "Raum" es wirklich *ist*;

Zn 6-9: selbst die Kinder werden aufs Vergangene fixiert und sind darum nicht frei wie die Tiere; "frei" meint *frei von Tod;*

---

[15] SCHILLER beschreibt das Distichon mit den beiden Zeilen, die ebenfalls ein Distichon darstellen:
Im Hexameter steigt des Springquells flüssige Säule,
Im Pentameter drauf fällt sie melodisch herab.

③ RILKE: aus *Duineser Elegien*

Vers 35-65

35 Wäre Bewußtheit unserer Art in dem
sicheren Tier, das uns entgegenzieht
in anderer Richtung -, riß es uns herum
mit seinem Wandel. Doch sein Sein ist ihm
unendlich, ungefaßt und ohne Blick
40 auf seinen Zustand, rein, so wie sein Ausblick.
Und wo wir Zukunft sehn, dort sieht es Alles
und sich in Allem und geheilt für immer.

Und doch ist in dem wachsam warmen Tier
Gewicht und Sorge einer großen Schwermut.
45 Denn ihm auch haftet immer an, was uns
oft überwältigt, - die Erinnerung,
als sei schon einmal das, wonach man drängt,
näher gewesen, treuer und sein Anschluß
unendlich zärtlich. Hier ist alles Abstand,
50 und dort wars Atem. Nach der ersten Heimat
ist ihm die zweite witterig und windig.
        O Seligkeit der *kleinen* Kreatur,
die immer *bleibt* im Schooße, der sie austrug;
o Glück der Mücke, die noch *innen* hüpft,
55 selbst wenn sie Hochzeit hat: denn Schooß ist Alles.
Und sieh die halbe Sicherheit des Vogels,
der beinah beides weiß aus seinem Ursprung,
als wär er eine Seele der Etrusker,
aus einem Toten, den ein Raum empfing,
60 doch mit der ruhenden Figur als Deckel.
Und wie bestürzt ist eins, das fliegen muß
und stammt aus einem Schooß. Wie vor sich selbst
erschreckt, durchzuckts die Luft, wie wenn ein Sprung
durch eine Tasse geht. So reißt die Spur
65 der Fledermaus durchs Porzellan des Abends.

⇨

Zn 1-13: Sie müssen also die *Kreatur* in Gegensatz setzen zu *unsre* (Z. 2), in Z. 10 müssen *wir* und *Tier*, in Z. 5 *Tiers* leicht herervorgehoben werden;

Zn 16-19: *Welt* korrespondiert mit *Nirgends ohne Nicht* (letzteres als Einheit zu verstehen); in Z. 17 nach dem Doppelpunkt sind die folgenden Worte eine Erklärung zu *Nirgends ohne Nicht*, sie m ü s s e n also wie der Bezugsbegriff im gleichen Melos gesprochen werden, immer mit fallendem Schluß. Also: Die Worte *Reine / Unüberwachte / atmet / weiß / nicht begehrt* werden mit genau dem gleichen Ton wie *Nirgends ohne Nicht* gesprochen;

Zn 19-28: *Kind* (Z. 19), *jener* (Z. 21) und *Liebende* (Z. 24) sind drei Beispiele für jene Fälle, wo auch dem Menschen Ahnung vom *Nirgends* wird. Sie müssen also zueinander in Beziehung gesetzt werden (ähnliches Melos !). Also: "Das *Kind* mag sich unbewußt verlieren ins Nichts und wird gerüttelt", oder (nächstes Beispiel) "*jener* stirbt und ist*s* (im Sinne von *ist* auf Z. 5)", oder "*Liebende sind nah dran*";

Zn 31-42: Hier wird ein viertes Beispiel gegeben, wie einer aus dem Blick eines Tieres eine Ahnung von jenem freien Sein erfährt, dennoch "außen" bleibt, weil eben dem Tier menschliche Bewußtheit fehlt und es folglich keine Mitteilung an uns weitergeben kann; in Zn. 38-40 hören wir noch einmal von jener metaphysischen Zeitlosigkeit, die RILKE in der Metaphorik des nach allen Seiten offenen Raumes ausdrückt (beachten Sie die Satzstruktur in Zn 41/42: *dort sieht es...sich ...geheilt...*);

Zn 43-65 verstehe ich als Einheit: *Schwermut* als vage *Erinnerung* an die Geborgenheit im *Schooß* (Schreibweise Rilkes!), *der sie* (die Kratur) *austrug* (Zn 43-49). Versuchen Sie die Schönheit in den Zn 49/50 auszudrücken: *Hier* (in der Welt) *ist alles Abstand* (vergl. Zn 33/34), *und dort wars Atem*. Bei gewissen Insekten, meint Rilke offensichtlich in den Zn 52-55, erhält sich der *Schooß* noch über die Geburt hinaus (?). Bei dem Vergleich des Vogels mit der Seele des Etruskers, dessen Abbild als Figur auf dem Deckel des Sarges ruht, scheint mir das wichtigste das Bild vom Vogel zu sein. Er entstammt einem Schoß (das Ei) im Außen. Darum *weiß* der Vogel von beidem, von der befreiten Seele und von der Körperlichkeit. Gleichzeitig wird an den Mythos erinnert, wonach die Seele der Toten zu einem Vogel wird und wegfliegt; so also ist der Vergleich mit dem Etrusker zu verstehen - auch er weiß von beidem.

Zn 61-65: Und auch der Flug nach der Geburt muß ein Schrecken sein. Reißen Sie eine **Metapher**, wie die vom *Porzellan des Abends*, nie aus ihrem Zusammenhang, indem Sie sie "als schönes Bild" an einem goldenen Nagel vor dem Hörer aufhängen. Zitieren Sie, aber deklamieren sie nicht!

⇨

③ Rɪʟᴋᴇ: aus *Duineser Elegien*

Vers 66-75

66 Und wir: Zuschauer, immer, überall,
    dem allen zugewandt und nie hinaus!
    Uns überfüllts. Wir ordnens. Es zerfällt.
    Wir ordnens wieder und zerfallen selbst.

70 Wer hat uns also umgedreht, daß wir,
    was wir auch tun, in jener Haltung sind
    von einem, welcher fortgeht? Wie er auf
    dem letzten Hügel, der ihm ganz sein Tal
    noch einmal zeigt, sich wendet, anhält, weilt -,
75 so leben wir und nehmen immer Abschied.

Zn 66-75: Hier erübrigt sich ein Kommentar. Die Worte *Uns überfüllts* (Z. 67) müssen Sie sehr deutlich und "bewußt" artikulieren. Nach *über* sollten Sie eine kurze Zäsur halten, damit der Hörer das akustisch Wahrgenommene auch geistig einordnen kann! Hüten Sie sich in den Zn 67/68 vor Aufzählungen mit steigendem Schluß! Fallender Schluß ist schlichter und zugleich bedeutsamer. Beachten Sie: Das Wort *also* in Z. 70 ist in diesem Fall endbetont (*alsó*)[16]. Damit synkopieren Sie die 5-füßige Zeile:

> *Wer / hát uns al/só / úmge/dréht, daß / wír*

(Nach dem Auftakt erscheinen in der Mitte zwei Betonungen hintereinander.)
Die Auftaktsilbe in Z.71 sollten Sie leicht hervorheben, ohne deshalb den Auftakt zu zerstören. "<u>Was</u> wir auch tun, wir werden immer umgedreht!", müßte herauskommen.
Z. 75, die letzte Zeile ist eindeutig fünffüßiger Jambus mit Auftakt. Das hat Einfluß auf die Sinngebung! Nicht

> *só lében wír....,*   sondern
>
> *so lében wir.....*   Das ergibt einen anderen Sinn! Nicht: "Auf

diese Weise leben wir, nämlich immer umgedreht", sondern: "Das <u>ist</u> unser Leben, dieses Umgedreht-Sein".

Wenn Sie sich die Elegie vollständig angeeignet haben, wenn Sie bei jedem Wort, jedem Satz wissen, was Sie sagen, oder doch annehmen, daß Sie wissen, was Sie sagen, wenn Sie sich also auf die angegebene Weise durchgearbeitet haben, dann sprechen Sie das Gedicht mehrmals hintereinander, und steigern Sie mit jeder Wiederholung das Tempo. Aber Sie müssen i m m e r so konzentriert sein, daß Sie niemals sinnentleert sprechen, sondern stets mitdenken! Kontrollieren Sie sich! Wenn Sie spüren, daß Sie nur noch Wörter lesen, keine Sinnzusammenhänge, wenn Sie sich selber nicht mehr folgen können, dann brechen Sie ab, und setzen Sie das Tempo herunter.
RILKEs Elegien verlangen ein gewisses Tempo. Die Verse dürfen nicht unter der Last von Bedeutungsschwere und geheimnisträchtiger Verschlüsselungen zerbrechen oder überdehnt werden. RILKEs Gedichte sind zugleich Musik. Machen Sie sich bitte vertraut mit dem im Kapitel 7 (Lautfarbe) erläuterten **Lautbezug**, und versuchen Sie, die entsprechenden Anweisungen zu übertragen.

Erinnern Sie sich nun an den Beginn Ihrer Arbeit. Durch mehrfaches Lesen der Elegie haben Sie sich mit Rhythmus und Melos vertraut gemacht. Diese Erfahrung gilt es nun anzuwenden: Wissend um den Sinn, geben Sie sich ganz dem Klang dieses Kunstwerkes hin.

---

[16] ähnlich dem Titel NIETZSCHEs *Also sprach Zarathustra*

③HEINRICH VON KLEIST aus *Michael Kohlhaas*[17]

Er*) kehrte, unter einem fremden Namen, in ein Wirtshaus ein, wo er, sobald die Nacht angebrochen war, in seinem Mantel, und mit einem Paar Pistolen versehen, die er in der Tronkenburg erbeutet hatte, zu Luthern ins Zimmer trat. Luther, der unter Schriften und Büchern an seinem Pulte saß, und den fremden, besonderen Mann die Tür öffnen und hinter sich verriegeln sah, fragte ihn: wer er sei? und was er wolle? und der Mann, der seinen Hut ehrerbietig in der Hand hielt, hatte nicht sobald, mit dem schüchternen Vorgefühl des Schreckens, den er verursachen würde, erwidert: daß er Michael Kohlhaas, der Roßhändler, sei; als Luther schon: "weiche fern hinweg!" ausrief, und, indem er, vom Pult erstehend, nach einer Klingel eilte, hinzusetzte: "dein Odem ist Pest und deine Nähe Verderben!" Kohlhaas, indem er, ohne sich vom Platz zu regen, sein Pistol zog, sagte: "Hochwürdiger Herr, dies Pistol, wenn Ihr die Klingel rührt, streckt mich leblos zu Euren Füßen nieder! Setzt Euch und hört mich an; unter den Engeln, deren Psalmen Ihr aufschreibt, seid Ihr nicht sicherer, als bei mir." Luther, indem er sich niedersetzte, fragte: "was willst du?" Kohlhaas erwiderte: "Eure Meinung von mir, daß ich ein ungerechter Mann sei, widerlegen! Ihr habt mir in Eurem Plakat gesagt, daß meine Obrigkeit von meiner Sache nichts weiß: wohlan, verschafft mir freies Geleit, so gehe ich nach Dresden, und lege sie ihr vor."

---

*) gemeint ist Michael Kohlhaas

---

[17] das Zitat folgt der Klassiker-Ausgabe "Kleists Sämtliche Werke", 4. Band, S. 49 in Der TempelVerlag Leipzig o.J.

KLEIST ist auch in seiner Prosa Dramatiker. Jeder Satz drängt aufs Ende hin. Er hält uns "in Atem", ehe er nach langen Perioden am Ende eines Satzes die Katze aus dem Sack läßt. Immerhin erstreckt sich der erste Satz unseres Beispiels über 4, der zweite sogar über 11 Zeilen. Bleiben wir beim ersten Hauptsatz (im grammatikalischen Sinn). Er besteht aus mindestens zwei **Gedanken**, wobei der zweite ein Nebensatz ist.

Die Einteilung in Gedanken und diese wiederum in Sinnschritte ist für das Rezitieren[18] sehr hilfreich. Nur so können Pausen, Zäsuren und der Verlauf der Sprechmelodie (**Melos**) festgelegt werden.

Lesen Sie bitte den ersten Satz, indem Sie jedes Komma "mitlesen", ähnlich den Versuchen auf Seite 13. Auch hier werden Sie wieder verführt, die Stimme fortgesetzt zu heben. Viele Leser glauben, durch steigendes Melos würden sie dem Text eher gerecht als durch fallendes. Der Sinn, sagen sie, gehe ja weiter und vertrage keinen Punkt. Gleichzeitig aber spürt jeder, wie langweilig und albern diese Sprechweise ist.

Die Unart, beim lauten Lesen den melodischen Verlauf der Stimme durch Kommata festzulegen, hat ihren Ursprung im Schreiben. Der Schreiber denkt vorwiegend "linear", in Wortzeilen. Er ist - im Gegensatz zum Sprecher - stark auf die grammatikalischen Zusammenhänge konzentriert. Die Satzzeichen haben für den Schreiber einen festen Stellenwert innerhalb der Wortreihen, den er laufend einzuhalten bemüht ist. Der frei sprechende Redner kann überhaupt nicht an Satzzeichen denken, ohne sich zu verhaspeln. Wenn Sie vor einem Komma laufend mit steigendem Schluß sprechen, zeugt das von Ihrer Gewohnheit, beim Lesen nicht Bilder oder Handlungseinheiten in sich entstehen zu lassen[19], sondern Sachbezüge aneinander zu reihen. Tatsächlich hört sich das Reden mit vorwiegend steigendem Schluß immer wie eine Aufzählung an.

Jeder Gedanke läßt sich in **Sinnschritte** unterteilen. Suchen Sie in KLEISTs Text nach bildlichen oder szenischen Darstellungen, die sich durch Zäsuren und Pausen gegeneinander absetzen.

Machen Sie keine Zeichen in den Text. Je früher Sie sich daran gewöhnen, ohne Zeichen auszukommen, desto souveräner werden Sie künftig mit jedem Text umgehen können. Jeder Text ist anders, folglich müssen sich auch die Zeichen und ihre Plazierung immer wieder ändern[20]. Machen Sie sich darum von Anfang an unabhängig von Eintragungen in den Text.

⇨

---

[18] der Begriff rezitieren (von re-citare = vortragen, vorlesen) ist seinem Ursprung nach wertfrei, weshalb ich ihn weiterhin benutze; im Gegensatz zu deklamieren (declamare = schreien, rufen, laut vorlesen), was eine Bedeutungsverengung ist

[19] worin die Dichtung sich ausdrückt. BERTAUX bezeichnet in seiner ausgezeichneten Arbeit über HÖLDERLIN das "poetische" Denken darum als eidetisches (= "Denken in Bildern"), S. 370 ff.

[20] ich habe auch in der Folge möglichst Zeicheneintragungen vermieden, vor allem auch, weil es keine einheitlichen Symbole für den Sprechtext gibt. Auf den nächsten Seiten mache ich eine Ausnahme, um Ihnen den Einstieg zu erleichtern.

③HEINRICH VON KLEIST aus *Michael Kohlhaas*

Wiederholung

1

     Er kehrte, unter einem fremden Namen, in ein Wirtshaus ein, wo er, sobald die Nacht angebrochen war, in seinem Mantel, und mit einem Paar Pistolen versehen, die er in der Tronkenburg erbeutet hatte, zu Luthern ins Zimmer trat.

2

Er kehrte unter einem fremden Namen ▮

in ein Wirtshaus ein ⇩▮

3

wo er sobald die Nacht angebrochen war ⬈▮
in seinem Mantel⬊▮
und mit einem Paar Pistolen versehen ⬊▮
die er in der Tronkenburg erbeutet hatte ⬊▮

zu Luthern ins Zimmer trat ⇩

▮	Pause und Einatmung
▌	Zäsur ohne Einatmung; Sinnschrittende
⇩	Abschluß einer gedankl. Einheit
⬊⬈	fallender bzw. steigender Schluß/Melos

Hier ist der erste Satz (**1**) in zwei Gedanken aufgeteilt (**2** und **3**). Die Balken kennzeichnen die **Sinnschritte**. Für den Sprecher bedeutet das: Sinnschritte sind stets durch Pausen zu trennen! Sie können, müssen aber nicht, Atmungseinschnitte sein!

Es gibt kein Gesetz, das Ihnen vorschreibt, nach diesem oder jenem Sinnschritt unbedingt oder keinesfalls zu atmen! Sie müssen lediglich gewährleisten, daß Sinnschritte vom Hörer als gliedernde gedankliche Einheiten empfunden und nachvollzogen werden können. Einatmungsverbote[21] gibt es nur dort, wo die Einatmung den Sinnzusammenhang sprengen würde.

Sprechen Sie **2** wie einen abschließenden Satz ("mit einem Punkt"). Kümmern Sie sich vorerst nicht um die Kommata.

Abgesehen davon, daß die Satzzeichen auch von unseren Klassikern nicht immer regelgemäß gesetzt oder beherrscht wurden, nutzten Sie die Kommata oft als Sprechanweisungen und weniger als grammatikalische Zeichen. Auch in diesem Text wird das deutlich. KLEIST versuchte, indem er die Satzteile in Kommata einschloß, auf Besonderheiten der Aussage hinzuweisen[22].

2 empfehle ich, auf einem Atem zu sprechen. Ich würde also die beiden Sinnschritte nicht durch Einatmung trennen, wohl aber durch eine Pause. Wir heben damit die Tatsache, daß Kohlhaas inkognito - *unter fremdem Namen!* - einkehrte, besonders hervor. Die Pause nach dem Wort *Namen* kann so lang sein wie Sie wollen und "durchhalten" (ohne zu atmen)! Je länger die Pause ist, desto gewichtiger wird der Hinweis auf Kohlhaases Inkognito.

3 ist ungleich schwerer zu sprechen. Wo würden Sie, außer am Anfang, einatmen? Ich empfehle, die Pausen nach der ersten und nach der vierten Zeile als Atmungseinschnitte zu nutzen. Durch diese Art der Gliederung wird das Szenische der Mitteilung hervorgehoben. Auch der am langsamsten begreifende Hörer muß mitbekommen, daß da ein Mann in der Nacht (erster Sinnschritt), vermummt und mit Pistolen versehen (zweiter und dritter Sinnschritt) zu Luthern ins Zimmer trat (vierter Sinnschritt).

$\Rightarrow$

---

[21] vergl. Verssprechen, S. 39 ff. und S. 65 ff.

[22] daß man sich i. B. auf die Interpunktion nicht sicher ist, zeigen die Unterschiede in den Werkausgaben KLEISTs. Ich nehme an, daß die von mir zitierte Tempel-Ausgabe dem Original gerecht zu werden versucht. Die Frage, welche Interpunktion der des Autors am ehesten entspricht, hat für den Vortragenden jedoch nur untergeordnete Bedeutung

③**HEINRICH VON KLEIST** aus *Michael Kohlhaas*

Wiederholung

2

Er kehrte unter einem fremden Namen ▍
in ein Wirtshaus ein ⇩■

3

wo er sobald die Nacht angebrochen war ↗■
in seinem Mantel↘■
und mit einem Paar Pistolen versehen ↘▍
die er in der Tronkenburg erbeutet hatte ↘■
zu Luthern ins Zimmer trat ⇩

4

Luther↘■
der unter Schriften und Büchern an seinem Pulte saß↘■
und den fremden besonderen Mann die Tür öffnen ↗▍
und hinter sich verriegeln sah↘■
fragte ihn: wer er sei? und was er wolle?⇩■

> Beachte: Fallender Schluß ist mit fallendem Melos gekoppelt!
> Der gesamte Sinnschritt hat also fallende Tendenz!

5

und der Mann↘■
der seinen Hut ehrerbietig in der Hand hielt↘■
hatte nicht sobald mit dem schüchternen Vorgefühl des
Schreckens↗■
den er verursachen würde erwidert:■
daß er Michael Kohlhaas, der Roßhändler, sei↗■
als Luther schon: "weiche fern hinweg!" ausrief↘■
und, indem er, vom Pult erstehend, nach einer Klingel eilte,
hinzusetzte:↗■
"dein Odem ist Pest und deine Nähe Verderben!"⇩

> ■ Pause und Einatmung
> ▍ Zäsur ohne Einatmung; Sinnschrittende
> ⇩ Abschluß einer gedankl. Einheit
> ↘↗ fallender bzw. steigender Schluß/Melos

3 Zugleich sollten Sie an diesen Stellen (↘) das **Sprechmelos** senken. Dabei haben die Wörter *Mantel / versehen / erbeutet hatte* die gleiche Stimmlage, während der Schluß des Hauptgedankens (*ins Zimmer trat*) tiefer liegt.

Natürlich könnten Sie auch nach jeder Zeile die Stimme heben (es gibt auch da keine Regel!); mein Vorschlag jedoch macht den "Krimicharakter" der Szenerie deutlicher. Das Senken der Stimme wirkt wie eine "Zügelung" des Sprechers, macht aber gleichzeitig auf die folgenden erregenden Ereignisse aufmerksam. Auch wenn Sie anfangs Schwierigkeiten haben, lassen Sie sich nicht entmutigen! Mit dieser Art der Interpretation dringen Sie tiefer in den Text ein, und sie "entdecken" mehr.

4 enthält wieder mehrere Sinnschritte, gleichsam szenische Vorgänge, moderner Schnittechnik in einem Film vergleichbar. Zuerst eine Großaufnahme: das Porträt Luthers. Wir wissen noch nicht, ob Luther sitzt, steht oder gleich reden wird! Wir haben nur das Wort *Luther,* hinter dem Sie eine Pause setzen und atmen werden. So schaffen Sie "Inspiration" für das nächste Bild: Luther am Pult sitzend. Plötzlich sehen wir *den fremden, besonderen Mann* mit den Augen Luthers, wie er die Tür öffnet und verriegelt. Endlich hören wir Luthers verwunderte und erschreckte Frage. Vor jeder dieser "Einstellungen" würde ich atmen und, wo immer es geht, die Szenen mit fallendem Schluß gegeneinander abgrenzen. Das **Tempo** Ihrer Rede entspricht dem Tempo der Szenen: Retardierend, wenn z.B vom *Öffnen und Verriegeln* der Tür gesprochen wird, allmählich beschleunigend, wenn Luther seine (indirekten) Fragen stellt (wobei Sie über die Fragezeichen hinwegsprechen können, ohne Pause, ohne Stimmhebung!).

Interessant ist, daß KLEIST hier die aufgeregten Fragen Luthers in indirekte Rede setzt. Er will den Fluß der Rede des Erzählers und die dramatische Bildfolge nicht unterbrechen.

5 - immer noch aus der "Perspektive" Luthers beobachtet, aber mit einem Kommentar des Erzählers über das "*schüchterne Vorgefühl*" seines Helden versehen - ist eine Steigerung in Tempo und Dynamik (Lautstärke). Die Ähnlichkeit mit **4** ist frappierend: *Der Mann* = erster Sinnschritt; *seinen Hut in der Hand* = zweiter Sinnschritt; der nun folgende Kommentar = dritter Sinnschritt; Kohlhaas nennt seinen Namen, wiedergegeben in indirekter Rede (!) = vierter Sinnschritt; und schließlich die beiden Ausrufe Luthers (in wörtlicher Rede) verbunden mit Szenenbeschreibungen. Dramatischer und zugleich bildhafter geht's nicht!

⇨

③HEINRICH VON KLEIST aus *Michael Kohlhaas*

Zusammenfassung

Er kehrte, unter einem fremden Namen, in ein Wirtshaus ein, wo er, sobald die Nacht angebrochen war, in seinem Mantel, und mit einem Paar Pistolen versehen, die er in der Tronkenburg erbeutet hatte, zu Luthern ins Zimmer trat. Luther, der unter Schriften und Büchern an seinem Pulte saß, und den fremden, besonderen Mann die Tür öffnen und hinter sich verriegeln sah, fragte ihn: wer er sei? und was er wolle? und der Mann, der seinen Hut ehrerbietig in der Hand hielt, hatte nicht sobald, mit dem schüchternen Vorgefühl des Schreckens, den er verursachen würde, erwidert: daß er Michael Kohlhaas, der Roßhändler, sei; als Luther schon: "weiche fern hinweg!" ausrief, und, indem er, vom Pult erstehend, nach einer Klingel eilte, hinzusetzte: "dein Odem ist Pest und deine Nähe Verderben!" Kohlhaas, indem er, ohne sich vom Platz zu regen, sein Pistol zog, sagte: "Hochwürdiger Herr, dies Pistol, wenn Ihr die Klingel rührt, streckt mich leblos zu Euren Füßen nieder! Setzt Euch und hört mich an; unter den Engeln, deren Psalmen Ihr aufschreibt, seid Ihr nicht sicherer, als bei mir." Luther, indem er sich niedersetzte, fragte: "was willst du?" Kohlhaas erwiderte: "Eure Meinung von mir, daß ich ein ungerechter Mann sei, widerlegen! Ihr habt mir in Eurem Plakat gesagt, daß meine Obrigkeit von meiner Sache nichts weiß: wohlan, verschafft mir freies Geleit, so gehe ich nach Dresden, und lege sie ihr vor." - "Heilloser und entsetzlicher Mann!" rief Luther, durch diese Worte verwirrt zugleich und beruhigt: "wer gab dir das Recht, den Junker von Tronka, in Verfolg eigenmächtiger Rechtsschlüsse, zu überfallen, und, da du ihn auf seiner Burg nicht fandst, mit Feuer und Schwert die ganze Gemeinschaft heimzusuchen, die ihn beschirmt?" Kohlhaas erwiderte: "hochwürdiger Herr, niemand, fortan! Eine Nachricht, die ich aus Dresden erhielt, hat mich getäuscht, mich verführt! Der Krieg, den ich mit der Gemeinheit der Menschen führe, ist eine Missetat, sobald ich aus ihr nicht, wie Ihr mir die Versicherung gegeben habt, verstoßen war!" "Verstoßen!" rief Luther, indem er ihn ansah. "Welch eine Raserei der Gedanken ergriff dich? Wer hätte dich aus der Gemeinschaft des Staats, in welchem du lebtest, verstoßen? Ja, wo ist, solange Staaten bestehen, ein Fall, daß jemand, wer es auch sei, daraus verstoßen worden wäre?" - "Verstoßen", antwortete Kohlhaas, indem er die Hand zusammendrückte, "nenne ich den, dem der Schutz der Gesetze versagt ist! Denn dieses Schutzes, zum Gedeihen meines friedlichen Gewerbes, bedarf ich; und wer mir ihn versagt, der stößt mich zu den Wilden der Einöde hinaus; er gibt mir, wie wollt Ihr das leugnen, die Keule, die mich selbst schützt, in die Hand."

Was für die einzelnen Sinnschritte gilt, gilt erst recht für die ganze Erzählung. Die **Interpunktion**, soweit sie wirklich vom Autor erstellt ist und nicht später vereinheitlicht wurde, gibt uns bei KLEIST Aufschlüsse, wie er den Text behandelt wissen will. Manche direkte oder auch indirekte Rede wird, wie wir bereits gesehen haben, als Teil eines Gedankens behandelt und nach dem Doppelpunkt mit Kleinbuchstaben weitergeführt. Solche Reden vertragen keine längeren Ruhepunkte. Andere Dialogteile dagegen werden sogar durch einen Gedankenstrich voneinander getrennt. In solchen Fällen setzt KLEIST meist noch Erklärungen zur Situation oder zu Verhaltensweisen des Sprechenden in den Dialog hinein (z.B. *Luther, indem er ihn ansah* oder *Kohlhaas, indem er die Hand zusammendrückte)*. Hier ist der Gedankenstrich nicht nur eine Aufforderung, neu anzusetzen, sondern er weist zugleich auf den Grad des Widerspruchs der kommenden Entgegnung hin. Insofern können bei manchen Autoren die Interpunktionen durchaus Sprechanweisungen sein.

Beachten Sie, wenn Sie den vorliegenden Text erarbeiten, wie sich die Szene in Luthers Zimmer dramatisch aufbaut. Der von mir aus der Filmtechnik übernommene Begriff der "(Kamera-)Einstellungen", wo szenische Vorgänge in konkreten Bildern ausgedrückt werden, kann sicher behilflich sein, diese bildliche Konkretheit auch sprachlich wiederzugeben. Z. B.:Indem Luther aufspringt, zieht Kohlhaas die Pistole - eine perfekte Krimi-Situation. Aber bewundern Sie, daß KLEIST diesen Augenblick nur in einem Nebensatz unterbringt, während die Fernsehdramatik ein Riesenspektakel aus der Situation machen würde.

> Die meisten Leser bekommen die Pistolengeschichte gar nicht mit - so oberflächlich werden solche Texte gelesen! Erst durch die gesprochene Interpretation und Versinnlichung wird der Hörer aufmerksam und vollzieht in der Phantasie die Szene nach.

Auch hier ist die Wiedergabe des Dialogs kein Rollenspiel. Sie bleiben immer der Erzähler, werden nie zur Figur. Sie sind Stellvertreter des Autors, der die Argumente der beiden Männer so nachvollzieht, als wäre er dabei gewesen. Charakterisieren Sie Kohlhaas als den Beherrschteren, Luther als den etwas verunsicherten Ankläger.

Erarbeiten Sie sich den *Kohlhaas,* wobei Sie - wie es der Autor tat - jedem Wort, jedem Satz nachspüren sollten.

③FRIEDRICH SCHILLER: *Das verschleierte Bild zu Sais*

Vers 1- 26:

1   Ein Jüngling, den des Wissens heißer Durst
    Nach Sais in Ägypten trieb, der Priester
    Geheime Weisheit zu erlernen, hatte
    Schon manchen Grad mit schnellem Geist durcheilt;
5   Stets riß ihn seine Forschbegierde weiter,
    Und kaum besänftigte der Hierophant
    Den ungeduldig Strebenden. "Was hab ich,
    Wenn ich nicht alles habe?" sprach der Jüngling,
    "Gibt's etwa hier ein Weniger und Mehr?
10 Ist deine Wahrheit, wie der Sinne Glück,
    Nur eine Summe, die man größer, kleiner
    Besitzen kann und immer doch besitzt?
    Ist sie nicht eine einz'ge, ungeteilte?
    Nimm e i n e n Ton aus einer Harmonie,
15 Nimm e i n e Farbe aus dem Regenbogen,
    Und alles, was dir bleibt, ist nichts, so lang
    Das schöne All der Töne fehlt und Farben."

    Indem sie einst so sprachen, standen sie
    In einer einsamen Rotonde still,
20 Wo ein verschleiert Bild von Riesengröße
    Dem Jüngling in die Augen fiel. Verwundert
    Blickt er den Führer an und spricht: "Was ist's,
    Das hinter diesem Schleier sich verbirgt?" -
    "Die Wahrheit", ist die Antwort. - "Wie?" ruft jener,
25 "Nach Wahrheit streb ich ja allein, und diese
    Gerade ist es, die man mir verhüllt?"

⇨

Obgleich ich das Gedicht dem Kapitel "Sinnbezug" zugeordnet habe, ist es selbstverständlich, daß auch die Form des Werkes berücksichtigt werden muß; vor allem, wenn es sich, wie hier, um Dichtung in Versen handelt. Was jedoch literaturwissenschaftliche oder philosophische Zuordnungen betrifft, möchte ich den Leser bitten, eine Auswahl aus dem umfangreichen Schrifttum selbst vorzunehmen. Die Beschäftigung mit der sogenannten Sekundärliteratur gehört zu den Vorbereitungen und Aufarbeitungen, die jedem sprechkünstlerischen Studium eines Textes vorausgehen sollten. Allerdings können sie Ihre eigene Deutung und Wertung nicht ersetzen. Ein Wort zur Wertung eines literarischen Textes durch den Sprecher: Alles Gesprochene enthält, ob es dem Sprecher bewußt ist oder nicht, eine Wertung. Sie können kein Kunstwerk vortragen, ohne gleichzeitig eine Wertung zu geben. Aus Gründen der Achtung, die wir als Interpret dem Autor schuldig sind, versteht es sich, auf die Wiedergabe eines Werkes zu verzichten, das nicht unsere Zustimmung hat. Es dennoch zu sprechen, heißt, es zu denunzieren.

Gliedern Sie, nachdem Sie das ganze Gedicht gelesen haben, den ersten Abschnitt bis Vers (= Zeile) 17.
Drei Gedanken leiten das Werk ein:
Erster Gedanke = Z. 1-4; zweiter Gedanke = Z. 5; dritter Gedanke = Z. 6-7.

Diese Unterteilung hat Einfluß auf die Pausen und die Einatmungseinschnitte. Ich habe auf der nächsten Seite (wegen der anfänglichen Schwierigkeiten, die mit dem Vers zusammenhängen) noch einmal Zeicheneintragungen vorgenommen. Beginnen Sie aber bereits auf dieser Seite mit Ihren eigenen Versuchen, um sich unabhängig von meinen Anleitungen zu machen.

Untersuchen Sie nun die Form[23] des Werkes. Es ist in Versen. Jede Zeile hat 5 **Hebungen (Akzente)**. Skandieren Sie die ersten beiden Zeilen, um sich mit dem Metrum vertraut machen zu können:

Ein Júengling dén des Wíssens héißer Dúrst　　　　5Akz.

Nach Sáis ín Ägýpten tríeb der Príester　　　　5Akz.

Beachten Sie, daß die Verse dieses Gedichts mit **Auftakt** beginnen = "jambischer" Vers[24] . Der Auftakt hat nicht nur einen Einfluß auf den Rhythmus, sondern vor allem auch auf die Sinngebung. In Z.10 wird durch den Verszwang das zweite Wort betont - *déine Wahrheit*. Damit wird die Wahrheit des Priesters kritisch hervorgehoben.
Schließlich achten Sie bitte auf das **Versende**. Abgesehen von der sog. Kadenz[25] , ist für uns wichtig zu wissen, ob der Sinn auf die nächste Verszeile überspringt (**Enjambement**) oder ob er nur bis zum Versende reicht.
Beachten Sie zunächst 3 Formvorgaben, und nutzen Sie sie für die Sinngebung:
- die Anzahl der **Hebungen** (Versfüße);
- den **Versbeginn** (mit oder ohne Auftakt);
- das **Versende** (mit oder ohne Enjambement).

⇨

---

[23] zu den metrischen Problemen verweise ich Sie auf S. 49 ff. u. S 65 ff.
[24] nach E. ARNDT
[25] = Versausgang, s. S. 65

③ FRIEDRICH SCHILLER: *Das verschleierte Bild zu Sais*

Wiederholung

Vers 1- 26:

1 Ein Jüngling, den des Wissens heißer Durst
  Nach Sais in Ägypten trieb, der Priester
  Geheime Weisheit zu erlernen, hatte
  Schon manchen Grad mit schnellem Geist durcheilt;
5 Stets riß ihn seine Forschbegierde weiter,
  Und kaum besänftigte der Hierophant
  Den ungeduldig Strebenden. "Was hab ich,
  Wenn ich nicht alles habe?" sprach der Jüngling,
  "Gibt's etwa hier ein Weniger und Mehr?
10 Ist deine Wahrheit, wie der Sinne Glück,
  Nur eine Summe, die man größer, kleiner
  Besitzen kann und immer doch besitzt?
  Ist sie nicht eine einz'ge, ungeteilte?
  Nimm e i n e n Ton aus einer Harmonie,
15 Nimm e i n e Farbe aus dem Regenbogen,
  Und alles, was dir bleibt, ist nichts, so lang
  Das schöne All der Töne fehlt und Farben."

  Indem sie einst so sprachen, standen sie
  In einer einsamen Rotonde still,
20 Wo ein verschleiert Bild von Riesengröße
  Dem Jüngling in die Augen fiel. Verwundert
  Blickt er den Führer an und spricht: "Was ist's,
  Das hinter diesem Schleier sich verbirgt?" -
  "Die Wahrheit", ist die Antwort. - "Wie?" ruft jener,
25 "Nach Wahrheit streb ich ja allein, und diese
  Gerade ist es, die man mir verhüllt?"

⇨

Sie müssen eine längere oder kürzere Zäsur bei j e d e m Enjambement halten, ohne dabei einzuatmen!

Wenn Sie nach einem Enjambement atmen wollen oder müssen, leiten Sie mit der Inspiration einen neuen Gedanken ein. In einem solchen Fall würden Zeilen- und Gedankenabschluß übereinstimmen, und es würde sich nicht mehr um ein Enjambement handeln.

Am Ende der Zeilen 1 / 2 / 3 / 6 / 11 / 16 / 18 / 21 / 25 dürfen Sie also nicht atmen!

Beispiel[26] :

Ein Jüngling ⌒ ▮ *den des Wissens heißer Durst* ▮
Nach Sais in Ägypten trieb↘▮ *der Priester*⌒▮
Geheime Weisheit zu erlernen↘▮ *hatte*⌒▮
Schon manchen Grad mit schnellem Geist durcheilt▮⇩
Stets riß ihn seine Forschbegierde weiter ▮ ⇩
Und kaum besänftigte der Hierophant⌒▮
Den ungeduldig Strebenden ▮ ⇩

Beachten Sie in dem Beispiel: Die Tonhöhe, die Sie bei *Jüngling* erreicht haben, müssen Sie auch bei dem Wort *hatte* (Z. 3) wieder aufnehmen!

Wie die Pause trägt auch das **Melos** zum Verständnis des Gesprochenen bei. Schwierig für den Ungeübten ist das "Aussteuern" der Tonhöhen. Indem Sie bestimmte Wörter Ihres Textes auf dem gleichen Tonhöhenniveau halten, bieten Sie dem Hörer kleine Inseln, die aus dem metrisch gleichmäßigen Textfluß herausragen. Ich habe solche "Inseln" durch Unterstreichungen anzudeuten versucht. *Ägypten* und *Weisheit* bilden so ein Paar gleicher Tonhöhe. Ähnlich verhält es sich mit *durcheilt* und *weiter*. Je genauer Sie ein solches Paar auf dem gleichen Tonniveau halten, desto deutlicher wird der Sinnzusammenhang (!).

Ähnlich korrespondieren *Jüngling* (1. Z.) und *Hierophant* (6. Z.). Durch das Einhalten der Tonhöhe kommen Sie in Z. 7 zu einem wirklichen gedanklichen Abschluß, der zugleich die wörtliche Rede einleitet. In Z. 8 sollten Sie das **Fragezeichen** keinesfalls durch Heben der Stimme auszudrücken versuchen - hier handelt es sich um eine rhetorische Frage, auf die auch im Text nicht geantwortet wird. Sie sollten in Z. 8 auch nach dem Fragezeichen den Redefluß nicht unterbrechen. Ohne die Tonhöhe zu ändern, wird der Satz bei leicht fallendem Melos zuende gebracht. Die Z. 9 beginnt mit Einatmung und leicht steigendem Schluß. Die Frage klingt wie ein Vorwurf. Genau so enden die Zeilen 12 u. 13!

In Z. 11/12 geht der Sinn auf *besitzen*. In Z. 22 wird durch den Auftakt das Wort *ér* betont. Dadurch kommt das *verwundert*e Zögern des Jünglings stärker zur Geltung. Z. 23 verlangt die Betonung auf *hínter diesem Schleier!*

---

[26] die Bedeutung der Zeichen vergl. bitte S. 31

③ SCHILLER *Das verschleierte Bild zu Sais*

Vers 27-59:

"Das mache mit der Gottheit aus", versetzt
Der Hierophant. "Kein Sterblicher, sagt sie,
Rückt diesen Schleier, bis ich selbst ihn hebe.
30 Und wer mit ungeweihter, schuld'ger Hand
Den heiligen, verbotnen früher hebt,
Der, spricht die Gottheit" - "Nun?" - "Der s i e h t die Wahrheit." -
"Ein seltsamer Orakelspruch! Du selbst,
Du hättest also niemals ihn gehoben?"
35 "Ich? Wahrlich nicht! Und war auch nie dazu
Versucht." - "Das fass' ich nicht. Wenn von der Wahrheit
Nur diese dünne Scheidewand mich trennte" -
"Und ein Gesetz", fällt ihm sein Führer ein.
"Gewichtiger, mein Sohn, als du es meinst,
40 Ist dieser dünne Flor - für deine Hand
Zwar leicht, doch zentnerschwer für dein Gewissen."

Der Jüngling ging gedankenvoll nach Hause;
Ihm raubt des Wissens brennende Begier
45 Den Schlaf, er wälzt sich glühend auf dem Lager
Und rafft sich auf um Mitternacht. Zum Tempel
Führt unfreiwillig ihn der scheue Tritt.
Leicht ward es ihm, die Mauer zu ersteigen,
Und mitten in das Innre der Rotonde
50 Trägt ein beherzter Sprung den Wagenden.

Hier steht er nun, und grauenvoll umfängt
Den Einsamen die lebenlose Stille,
Die nur der Tritte hohler Widerhall
In den geheimen Grüften unterbricht.
55 Von oben durch der Kuppel Öffnung wirft
Der Mond den bleichen, silberblauen Schein,
Und furchtbar, wie ein gegenwärt'ger Gott,
Erglänzt durch des Gewölbes Finsternisse
In ihrem langen Schleier die Gestalt.

⇨

Diese *verwunderte* Haltung des Eleven u n d des Erzählers, die der Besonderheit der szenischen Situation entspricht, wird bis Z. 34 beibehalten. Sie drückt sich auch in dem gezügelten **Sprechtempo** aus. Auch die Antworten des Hierophanten sind jedesmal im Tempo zurückgenommen.

> Üben Sie die Wiedergabe der Enjambements, indem Sie nach der Zäsur am Ende der Zeile den Auftakt (am Anfang der nächsten Zeile) leicht hervorheben. Damit verdeutlichen Sie den Sinn.

Zum Beispiel antwortet der Oberpriester in Z. 36 auf die Frage, warum er den Vorhang nicht selbst gelüftet habe, daß er nie dazu *versucht* war. Die kleine Zäsur vor dem Wort *versucht*, das zugleich Auftakt ist, macht es erst bedeutsam! Wenn Sie das Enjambement nicht berücksichtigen, verliert die Antwort den Hintersinn; abgesehen davon, daß die Zeile zur Prosa wird.
Ähnlich Z. 40/41: Die Zäsur nach *Hand* bringt diese in Korrespondenz mit *Gewissen*. Der Auftakt (Z. 41) *zwar* wird durch das Enjambement ein wenig hervorgehoben.
Durch den jambischen Auftakt liegt z. B. in Z. 40 die Betonung auf *dieser* - ein überzeugendes Beispiel für den Einfluß der Form eines Sprechkunstwerkes auf dessen Aussage und ein Beleg dafür, daß die Dichtung erst durch die Schallform Gestalt gewinnt.

> Gehen Sie Zeile für Zeile durch, entdecken Sie die Möglichkeit des Dichters, mit Hilfe des Verses auf die Interpretation einzuwirken. Eine solche Möglichkeit liefert die Prosa in wesentlich geringerem Maße.

Beachten Sie die Wiedergabe eines Dialogs; z.B. in Z. 32: Es bleibt Ihnen überlassen, ob Sie am Anfang dieser Zeile atmen. Sie m ü s s e n jedoch vor dem Einwurf des Jünglings atmen und erneut vor der Antwort des Priesters. Die Atmungsmenge ist winzig. Sie entspricht der Länge des folgenden Gedankens ("*Nun?*"). Auch die Z. 33 wird von einer Einatmung unterbrochen, obgleich es sich um den selben Sprecher handelt. Er macht an dieser Stelle, meine ich, sogar eine verhältnismäßig lange Pause, ehe er die für ihn wichtige Frage stellt (*Du selbst*, - danach wieder Einatmung und Neubeginn auf neuer Zeile - *Du hättest also niemals ihn gehoben?*) Ähnlich in Z. 35 die Antworten des Hierophanten. Sie bestehen aus 3 Gedanken, also 3 Einatmungsschüben.
Die Zeilen 42-74 leben - ähnlich der Prosa KLEISTs - von der Dramatik und der Kraft der Bilder. SCHILLER arbeitet hier mit allen Mitteln, deren die Versdichtung fähig ist. Und die Mittel sind erstaunlich! Der Sprecher muß geschmackvoll mit diesen Textpassagen umgehen. Jede Übertreibung, vor allem jede mit stimmlichen Mitteln versuchte Lautmalerei zerstört die Bildkraft. Vermeiden Sie grundsätzlich Illustrationen!

③ SCHILLER *Das verschleierte Bild zu Sais*

Vers 60-87:

60 Er tritt hinan mit ungewissem Schritt;
   Schon will die freche Hand das Heilige berühren,
   Da zuckt es heiß und kühl durch sein Gebein
   Und stößt ihn weg mit unsichtbarem Arme.
   Unglücklicher, was willst du tun? so ruft
65 In seinem Innern eine treue Stimme.
   Versuchen den Allheiligen willst du?
   Kein Sterblicher, sprach des Orakels Mund,
   Rückt diesen Schleier, bis ich selbst ihn hebe.
   Doch setzte nicht derselbe Mund hinzu:
70 Wer diesen Schleier hebt, soll Wahrheit schauen?
   "Sei hinter ihm, was will! Ich heb ihn auf."
   Er ruft's mit lauter Stimm: "Ich will sie schauen."
                                             Schauen!

   Gellt ihm ein langes Echo spottend nach.

75 Er spricht's und hat den Schleier aufgedeckt.
   Nun, fragt ihr, und was zeigte sich ihm hier?
   Ich weiß es nicht. Besinnungslos und bleich,
   So fanden ihn am andern Tag die Priester
   Am Fußgestell der Isis ausgestreckt.
80 Was er allda gesehen und erfahren,
   Hat seine Zunge nie bekannt. Auf ewig
   War seines Lebens Heiterkeit dahin,
   Ihn riß ein tiefer Gram zum frühen Grabe.
   "Weh dem", dies war sein warnungsvolles Wort,
85 Wenn ungestüme Frager in ihn drangen,
   "Weh dem, der zu der Wahrheit geht durch Schuld!
   Sie wird ihm nimmermehr erfreulich sein."

Beachten Sie auch jetzt die Akzente, die durch die Auftakte gesetzt werden: z.b. ab
Z. 44: *raubt / Schlaf / rafft / únfreiwillig / ward / mítten / ein* usw.

Huschen Sie nicht über diese Besonderheiten des Verses hinweg. Wenn Sie glauben, die Betonung, die der Auftakt fordert, sei an dieser oder jener Stelle formal, prüfen Sie erst, ob der
Autor den Sinn wirklich vernachlässigt hat, ehe Sie sich festlegen. Der Sinnbezug hat selbstverständlich immer den Vorrang. Solange Sie jedoch unsicher sind, entscheiden Sie sich für
die vom Autor gewählte Fassung.

Ich würde mich z.b. in Z. 54   g e g e n   den Verszwang entscheiden und den
Auftakt um eine Silbe verlängern, folglich den ersten Akzent auf *gehéimen* setzen.
Damit wird die Zeile vierfüßig, was ich eher in Kauf nehmen würde als eine sinn-
lose Betonung durch Verszwang.
Auch die Dichter selbst unterwerfen sich nicht in jedem Fall der Metrik. Sie ver-
ändern oder vernachlässigen an manchen Stellen das Versmaß, entweder zugunsten
des Sinnes oder - z. B. in Z. 73 - zugunsten eines gewissen Effektes (in diesem Fall
dem der Nachahmung).

In Z. 73/74 ist es wieder eine Frage des persönlichen Geschmacks des Interpreten, wie er mit
jenem Echo-Effekt umgeht. Schauspielergenerationen vor uns haben an dieser Stelle gezeigt,
wozu sie stimmlich fähig sind. Sie haben das Wort *schauen* gedehnt, mit Vibrato versehen und
wie aus der hohlen Hand mit Geisterstimme in den Saal gehaucht - und sie entsprachen damit
den Erwartungen ihres Publikums.

Wir deuten nur an. Wir überlassen der Phantasie des Hörers, sich die Szene "aus-
zumalen". Wir vermeiden jede Art **Illustrierung**, vor allem, wenn, wie hier, der
Dichter eine Erklärung für die ungewöhnliche Wortwiederholung nachreicht: *Gellt
ihm ein langes Echo spottend nach.* Müssen wir da noch *gellend, lang* und *spottend*
sein? Freilich ganz können Sie auf die stimmliche Andeutung des Echos nicht
verzichten. SCHILLER hat bewußt einen Gegensatz zu den abschließenden Versen
des Gedichtes gesetzt. Während er in dieser Passage Emotionen beim Hörer zu
erzeugen trachtet, entläßt er ihn wenig später in einem sachlichen, fast unterkühlten
Ton. Dem müssen Sie Rechnung tragen.
Die letzten Zeilen (ab Z. 75) sind in einer erstaunlich modern verknappten Form
gehalten. Die Sätze werden fast achselzuckend vorgetragen Der Hörer wird direkt
angesprochen, und sogar der Erzähler bringt sich ins Spiel: *Ich weiß es nicht* sind
seine Worte auf die brennende Frage des Hörers, was denn der Held nun gesehen
habe. SCHILLER enthält sich einer (nachgereichten) Deutung.
Am Ende Ihrer Rezitation sollte das Publikum weder verzaubert, hingerissen oder
betreten sein. Es müßte Ihnen gelingen, den Hörer nachdenklich zu entlassen. Auch
wenn er das Gedicht kennt, wird er sich erneut bereitfinden, dem Gleichnis
nachzusinnen.

③KURT TUCHOLSKY: *Die arme Frau*

Mein Mann? mein dicker Mann, der Dichter?
Du lieber Gott, da seid mir still!
Ein Don Juan? Ein braver, schlichter
Bourgeois - wie Gott ihn haben will.

Da steht in seinen schmalen Büchern,
wieviele Frauen er geküßt;
von seidenen Haaren, seidenen Tüchern,
Begehren, Kitzel, Brunst, Gelüst...

Liebwerte Schwestern, laßt die Briefe,
den anonymen Veilchenstrauß!
Es könnt ihn stören, wenn er schliefe.
Denn meist ruht sich der Dicke aus.

Und faul und fett und so gefräßig
ist er und immer indigniert.
Und dabei gluckert er unmäßig
vom Rotwein, den er temperiert.

Ich sah euch wilder und erpichter
von Tag zu Tag - ach! laßt das sein!
Mein Mann? mein dicker Mann, der Dichter?
In Büchern: ja.
   Im Leben: nein.

Das Gedicht TUCHOLSKYs zählt zu jener besonderen Spezies der Literatur, die wir im Deutschen (etwas geringschätzig) als "Gebrauchslyrik" bezeichnen. Sie ist darum keineswegs leichter zu sprechen. Auch hier gilt, was ich im Zusammenhang mit WILHELM BUSCHs *Max und Moritz* (S. 15) sagte, daß die bewußt auf Endreim oder z. T. sinnwidrigen Zeilenbruch hinauslaufende Form vom Sprecher berücksichtigt werden sollte. Trotzdem aber muß der Sinn deutlich herauskommen.

Das vorliegende Gedicht - eine Satire auf den Dichter selbst - ist einer Frau in den Mund gelegt. Es ist darum am überzeugendsten von einer Frau zu interpretieren. Es geht, abgesehen von dieser "Geschlechtsspezifik", über den Rahmen des lyrischen Gedichts hinaus und nähert sich dem für die Dramatik typischen **Monolog**[27]. Und wie dort, so ist auch hier der Monolog eigentlich ein Dialog. Es fehlen nur die Erwiderungen des Partners.

Sie übernehmen quasi eine **Rolle**, die Rolle der Frau des Dichters. Hier ist es nun wiederum eine Frage des Geschmacks, das Spiel gegenüber den fiktiven dichterhungrigen Damen nur anzudeuten, also keineswegs vor dem Publikum ein kleines Theaterstück aufzuführen. Jede Übertreibung, jeder "unechte" Ton kehrt die beabsichtigte Wirkung vor einem Publikum mit Geschmack ins Gegenteil: Die Frau des Dichters wird - in einem solchen Fall und gegen Ihren Willen - unsympathisch!

> Interessant ist in diesem Zusammenhang, daß auch auf der Bühne des Theaters jeder Schauspieler mit "falschen, aufgesetzten Tönen" Ablehnung im Publikum statt Teilnahme erzeugt. "Man spürt die Absicht und ist v e r s t i m m t ."

Der Ton, mit dem diese Frau über ihren Mann spricht, ist eher zurückhaltend. Sie spricht sozusagen augenzwinkernd, verbirgt das Lächeln hinter der Hand und weist den "Damen", charmant plaudernd, die Tür. Vielleicht läßt sie nach *Don Juan* einen kleinen (!) Lacher hören, um danach gleich wieder ernst zu werden: *Ein braver schlichter / Bourgeois -.*

Die gestellten Fragen sind belustigte Wiederholungen auf fiktive Fragen aus dem Kreis der bewundernden Damenwelt und sollten auch wie Wiederholungen gesprochen werden, also beiläufig. Übrigens haben wir hier den durchaus seltenen Fall, wo die Fragen mit steigendem Melos gesprochen werden.

Beachten Sie: Die 3. Z. der letzten Strophe leitet mit der Wiederholung des Anfangs das Ende der Rezitation ein. In den letzten beiden Zeilen belustigt sich die Frau nochmals über die Naivität der Fragestellung durch die Damen. Die Wiederholung ist ein sanfter Rausschmiß. Mit dem *nein* wird die Tür zugeschlagen.

Meist stimmen Zeilen- und Gedankenende überein. Aber: Mehr als nach der Regel zum Gebrauch des Enjambements nötig ist, wird in dieser ironisierenden Lyrik der Zeilenbruch übertrieben betont, ohne daß deshalb die erste Silbe der nächsten Zeile hervorgehoben werden muß (z. B. in der 4. Strophe).

---

[27] vergl. auch S. 51

④FORMBEZUG

Melos

Die Form der Dichtung wird vor allem durch **Melos** (Höhe und Tiefe, steigender und fallender Schluß), **Vers** (Anzahl der Hebungen und Senkungen, dynamische Akzentuierungen), **Rhythmus** (geboren aus dem Verstakt) und **Lautfarbe** (Lautmalerei, Resonanzareale) bestimmt. Ich habe das Kapitel Formbezug entsprechend unterteilt und möchte Sie bitten, die Kapitel 4 - 7 als Einheit anzusehen.

Das **Melos** wird bestimmt durch den Sinnbezug, durch individuelle Eigenheiten des Sprechers (z. B. mundartliche und umgangssprachliche Gewohnheiten) und nicht zuletzt durch emotionale Einflüsse. Tonhöhenfestlegungen wie in der Musik gibt es bekanntlich in der Dichtung nicht. Das bedeutet, daß jeder Sprecher seinen eigenen Kurvenverlauf und eine für ihn typische Stimmlage hat. Der Gesangston dagegen ist für jeden Sänger festgelegt, abgesehen von geschlechtsspezifischer Unterscheidung. Bei Sprechern kann es vorkommen, daß eine weibliche Stimme als "tiefer" liegend empfunden werden kann als männliche Stimmen (obgleich Frauen eine Oktave höher singen und sprechen als Männer).

Für das Sprechen gilt: Maß für das Melos ist die **Indifferenzlage** (= persönliche Sprechstimmlage) des Sprechers. Sie darf nur in der Ruftonlage für k u r z e Z e i t verlassen werden. Wer gegen diese Regel verstößt und auf Dauer zu hoch spricht, strapaziert seine Stimmorgane! Er erzeugt Unbehagen.

Abgesehen von der individuellen Stimmlage, wird das Melos vor allem durch den **Sinnbezug** (s. S. 23 ff.)beeinflußt.

Formulieren Sie **Testsätze**, die Sie auf den jeweiligen Dichtungstext übertragen können; vergl. Sie dazu das von mir vorgegebene Beispiel auf S. 55.

Den Verlauf der Meloskurve hat man versucht, grafisch darzustellen. Das Ergebnis ist fast immer unbefriedigend und eher verwirrend. Im Gegensatz zum Melodieverlauf des Singens, der sich durch gleitende Übergänge auszeichnet, gibt es im Sprechen fast nie gleitende Übergänge. Dennoch ist die Meloskurve - viel stärker als die Melodie beim Singen - entscheidend für den Sinn. Die **Testsätze** müssen also den gedanklichen Aufbau und die Zielrichtung der Aussage ungefähr nachzeichnen. Wir "übersetzen" die gehobene Sprache der Dichtung in unsere alltägliche Sprache. Wir machen sie "mundgerecht", ziehen sie - wie es der Schauspieler am Anfang seiner szenischen Arbeit mit der Rolle macht - zu uns herunter. Und wenn wir sie auf diese Weise verstanden (= ver-stellt) haben, bringen wir sie wieder zurück in die ursprüngliche gehobene Form.

Die melodischen Gipfel aufeinanderfolgender Sinnschritte haben meist unterschiedliches Höhenniveau (so in dem von mir vorgegebenen Beispiel auf S. 55). Wir haben aber auch Beispiele für genau gleiche Gipfel innerhalb einer Aussage kennengelernt (nämlich auf S. 41). Der Sprecher muß ein gutes Gehör für die Tonhöhengestaltung haben. Diese Seite der Textwiedergabe fällt dem Laien meist sehr schwer. Wenn er dagegen frei redet und die eigenen Gedanken äußert, braucht er über Melos und Akzentuierung gar nicht nachzudenken.

④ GOETHE: aus *Die Leiden des jungen Werther*[28]

Am 10. Mai

Eine wunderbare Heiterkeit hat meine ganze Seele eingenommen, gleich denen süßen Frühlingsmorgen, die ich mit ganzem Herzen genieße. Ich bin so allein und freue mich so meines Lebens in dieser Gegend, die für solche Seelen geschaffen ist wie die meine. Ich bin so glücklich, mein Bester, so ganz in dem Gefühl von ruhigem Dasein versunken, daß meine Kunst darunter leidet. Ich könnte jetzo nicht zeichnen, nicht einen Strich, und bin niemalen ein größerer Maler gewesen als in diesen Augenblicken. Wenn das liebe Tal um mich dampft und die hohe Sonne an der Oberfläche der undurchdringlichen Finsternis meines Waldes ruht und nur einzelne Strahlen sich in das innere Heiligtum stehlen und ich dann im hohen Grase am fallenden Bache liege und näher an der Erde tausend mannigfaltige Gräschen mir merkwürdig werden. Wenn ich das Wimmeln der kleinen Welt zwischen Halmen, die unzähligen, unergründlichen Gestalten all der Würmchen, der Mückchen näher an meinem Herzen fühle und fühle die Gegenwart des Allmächtigen, der uns all nach seinem Bilde schuf, das Wehen des Allliebenden, der uns in ewiger Wonne schwebend trägt und erhält. Mein Freund, wenn's denn um meine Augen dämmert und die Welt um mich her und Himmel ganz in meiner Seele ruht wie die Gestalt einer Geliebten; dann sehn ich mich oft und denke: ach könntest du das wieder ausdrücken, könntest du dem Papier das einhauchen, was so voll, so warm in dir lebt, daß es würde der Spiegel deiner Seele, wie deine Seele ist der Spiegel des unendlichen Gottes. Mein Freund - Aber ich gehe darüber zugrunde, ich erliege unter der Gewalt der Herrlichkeit dieser Erscheinungen.

---

[28] nach Berliner Ausgabe, 1961, 1. Fassung

Die drei nächsten Texte (von GOETHE, HÖLDERLIN und BÜCHNER) bitte ich Sie, in einen Zusammenhang zu stellen: Drei Naturschilderungen von drei verschiedenen Dichtern.

GOETHEs und HÖLDERLINs Texte sind, dem Geschmack der Zeit entsprechend, in **Briefform** abgefaßt. Es gibt einen fiktiven Empfänger, an den das Geschriebene gerichtet ist. Der Sprecher bekommt also den Hörer gleichsam mitgeliefert.

> Die sog. Briefromane sind heute kaum noch in der Literatur gebräuchlich. Wohl aber hat die Gegenwart den **Ich-Erzähler** übernommen. Diese Erzählform gleicht den Monologen der dramatischen Literatur. Es ist kein Zufall, daß das Theater Ich-Erzählungen gern auf die Bühne bringt. Das Publikum hat Vergnügen an solchen Darbietungen. Der Hörer fühlt sich als Partner des Schauspielers, denn er wird unmittelbar angesprochen[29] .

Die Sätze des Sturm-und-Drang-Dichters sind oft unvollendet. Er schert sich nicht um die Grammatik. Er setzt Punkte, wo Kommata sein müßten, verzichtet auf Satzzeichen usw. Dadurch drückt er aus, daß jedes Bild eine in sich geschlossene Einheit darstellt, die nicht bloß Teil einer Aufzählung sein will. Gleichzeitig überflutet er uns mit Bildern. Sie scheinen ihn selbst zu bedrängen, so daß er am Ende des Briefes ausruft: *Aber ich gehe darüber zugrunde, ich erliege unter der Gewalt der Herrlichkeit dieser Erscheinungen.* Der Brief beginnt in *wunderbarer Heiterkeit* und endet mit dem Gefühl der Verzweiflung.

GOETHE beginnt alle diese Schilderungen von Werthers Naturerlebnissen mit dem Wort *wenn* (Polysyndeton): *Wenn das liebe Tal um mich dampft.../ Wenn ich das Wimmeln.../ ...wenn's denn um meine Augen...* Durch dieses Bindewort hält er uns in Spannung.

Testsatz: *"Wenn das und das und das passiert,.. ...dann..!"* Wir warten auf die Auflösung. Sie kommt fast am Ende des Briefes: *...dann sehn ich mich oft...* Behalten Sie im Hinterkopf, während Sie die Bilder und Situationen wiedergeben, daß die von Ihnen erzeugten Erwartungen erst am Ende der langen Periode befriedigt werden. Der Punkt nach jedem Bild bedeutet keinen Abschluß der Aussage. Halten Sie darum **schwebendes Melos**.

Versuchen Sie aber nicht, die langen Perioden duch Schnellsprechen zu überwinden. Leider wird dieser Fehler auch von vielen Berufssprechern gemacht. Hinter dieser Sprechweise steht die Angst, der Hörer könne den Überblick verlieren und sich dann langweilen. Das Gegenteil ist richtig: Um die Gedanken nachvollziehen zu können, braucht der Hörer "Schalt"pausen[30] und entsprechende Gliederungen.

---

[29] vergl. den Ausschnitt aus TH. MANNs *Mario und der Zauberer* auf S. 116 ff.
[30] s. S. 23

④**FRIEDRICH HÖLDERLIN: aus *Hyperion***

Bellarmin! Ich hatt es nie so ganz erfahren, jenes alte feste Schicksalswort, daß eine neue Seligkeit dem Herzen aufgeht, wenn es aushält und die Mitternacht des Grams durchduldet, und daß, wie Nachtigallgesang im Dunkeln, göttlich erst in tiefem Leid das Lebenslied der Welt uns tönt. Denn, wie mit Genien, lebt ich itzt mit den blühenden Bäumen, und die klaren Bäche, die darunter flossen, säuselten, wie Götterstimmen, mir den Kummer aus dem Busen. Und so geschah mir überall, du Lieber! - wenn ich im Grase ruht, und zartes Leben mich umgrünte, wenn ich hinauf, wo wild die Rose um den Steinpfad wuchs, den warmen Hügel ging, auch wenn ich des Stroms Gestade, die luftigen, umschifft' und alle die Inseln, die er zärtlich hegt.

⇨

Alle drei Texte sind Prosa. Sie ist so stark rhythmisiert, daß sie Ähnlichkeit mit dem Vers hat. Es dürfte schwerfallen, Streichungen vorzunehmen, ohne den Rhythmus des Briefes zu zerstören. Nachdem Sie den Text auf Sinn- und Hörerbezug untersucht und sich entsprechend festgelegt haben, lesen Sie ihn so lange und so oft, bis Sie sich ganz von dem Rhythmus getragen fühlen.

Sie haben es bei KLEIST gemerkt, bei GOETHE, und Sie bemerken es auch bei HÖLDERLIN: Die deutsche Literatur bevorzugt lange Sätze.

> Die deutsche Sprache ist sowohl für eigenwillige Wortbildungen und -synthesen als auch für Schachtelsätze geeignet. Die Fähigkeit der deutschen Sprache, Assoziationen, Bilder, plötzliche Einfälle miteinander verknüpfen und verarbeiten, den Redefluß mitten im Satz unterbrechen oder umleiten zu können, ist erstaunlich. Was am Aufsatz des Kindes gerügt wird, ist in der deutschen Literatur eine Tugend: eben jene langen Sätze. Wir wissen inzwischen, daß wir keine Sätze im grammatikalischen Sinne sprechen, sondern Sinnschritte und gedankliche Einheiten artikulieren, die in der Regel Sprechphasen von 2 bis 3 Sekunden Dauer[31] ausmachen. Die von Pädagogen gefürchteten Bandwurmsätze sind also durchaus überschaubar und vom Hörer nachvollziehbar. Er muß kein Buch vor der Nase haben und das Gehörte nachlesen, um es verstehen zu können. Denken Sie daran: **Dichtung ist g e l a u t e t e Ausdruckskunst, keine gelesene!**

Vergleichen Sie Ihre Vorstellungen mit meinen, dargestellt am ersten Absatz des HÖLDERLIN-Zitats[32] :

> *Bellarmin*⇨■ *Ich hatt es nie so ganz erfahren,*❘ *jenes alte feste Schicksalswort*⇨■ *daß eine neue Seligkeit dem Herzen aufgeht, wenn es áushält*↘■ *und die Mitternacht des Grams durchdúldet*↘■ *und daß, wie Nachtigallgesang im Dunkeln*↗■ *göttlich erst*↗ *in tiefem Léid*↘❘ *das Lebenslied der Welt uns tönt*⇩■. *Denn, wie mit Genien*↗■ *lebt ich itzt*⇨*mit den blühenden Bäumen*⇩■ *und die klaren Bäche, die darunter flossen*↗■ *säuselten, wie Götterstimmen, mir den Kummer aus dem Busen* ⇩.

Der Hauptgedanke, der über dem ganzen Brief steht, lautet also: "Erst *in tiefem Leid ertönt uns das Lied der Welt!*"

Die nachfolgenden Absätze schildern nun, wie der Briefschreiber durch innige Versenkung in die Natur *die Mitternacht des Grams durchduldet* und damit überwindet. Die Schilderung seines Lebensgefühls bei Sonnenaufgang und Sonnenuntergang gehört mit zu den schönsten Zeugnissen unserer Literatur. Dieser Schreiber ist am Ende des Briefes *Eines* geworden mit der Natur, ganz anders, als es dem Stürmer-und-Dränger erging.

---

[31] s. S. 23
[32] Bedeutung der Zeichen s. S. 32

④ HÖLDERLIN: aus *Hyperion*

Und wenn ich oft des Morgens, wie die Kranken zum Heilquell, auf den Gipfel des Gebirgs stieg, durch die schlafenden Blumen, aber, vom süßen Schlummer gesättiget, neben mir die lieben Vögel aus dem Busche flogen, im Zwielicht taumelnd und begierig nach dem Tag, und die regere Luft nun schon die Gebete der Täler, die Stimmen der Herde und die Töne der Morgenglocken herauftrug, und jetzt das hohe Licht, das göttlichheitre, den gewohnten Pfad daherkam, die Erde bezaubernd mit unsterblichem Leben, daß ihr Herz erwarmt und all ihre Kinder wieder sich fühlten - o wie der Mond, der noch am Himmel blieb, die Lust des Tags zu teilen, so stand ich Einsamer dann auch über den Ebnen und weinte Liebestränen zu den Ufern hinab und den glänzenden Gewässern und konnte lange das Auge nicht wenden.

Oder des Abends, wenn ich fern ins Tal hinein geriet, zur Wiege des Quells, wo rings die dunkeln Eichhöhn mich umrauschten, mich, wie einen Heiligsterbenden, in ihren Frieden die Natur begrub, wenn nun die Erd ein Schatte war, und unsichtbares Leben durch die Zweige säuselte, durch die Gipfel, und über den Gipfeln still die Abendwolke stand, ein glänzend Gebirg, wovon herab zu mir des Himmels Strahlen, wie die Wasserbäche, flossen, um den durstigen Wanderer zu tränken -

"O Sonne, o ihr Lüfte", rief ich dann, "bei euch allein noch lebt mein Herz, wie unter Brüdern!"

So gab ich mehr und mehr der seligen Natur mich hin und fast zu endlos. Wär ich so gerne doch zum Kinde geworden, um ihr näher zu sein, hätt ich so gern doch weniger gewußt und wäre geworden, wie der reine Lichtstrahl, um ihr näher zu sein! o einen Augenblick in ihrem Frieden, ihrer Schöne mich zu fühlen, wie viel mehr galt es vor mir, als Jahre voll Gedanken, als alle Versuche der allesversuchenden Menschen! Wie Eis zerschmolz, was ich gelernt, was ich getan im Leben, und alle Entwürfe der Jugend verhallten in mir; und o ihr Lieben, die ihr ferne seid, ihr Toten und ihr Lebenden, wie innig Eines waren wir!

Auch in HÖLDERLINs Text geht ein Mensch in die Natur, um, wie es ausdrücklich heißt, *ihr näher zu sein.* Es gelingt ihm in höchstem Maße: Er verschmilzt mit der Natur, fühlt sich in ihr eins mit allen Lebenden und Toten. Hölderlin schildert am Beispiel einer Gipfelbesteigung bei Sonnenaufgang und eines Spazierganges gegen Abend *ins Tal hinein,* auf welche Weise die Natur ihn zu heilen vermochte. Wir wollen versuchen, dem melodischen Verlauf der beiden ersten Absätze zu folgen und stimmlich nachzugestalten.

Suchen Sie zu zuerst den **Hauptgedanken** des ersten Absatzes zu definieren. Er verläuft nach dem Schema "wenn ... dann": *Wenn ich oft des Morgens ...auf den Gipfel des Gebirges stieg,..*[folgt die Aufstiegsschilderung]..*so stand ich dann über den Ebnen...* HÖLDERLIN gelingt es, die Gipfelbesteigung und die Empfindungen, die den Wanderer während des Aufstiegs gleichsam überwältigen, sprachlich wiederzugeben. Beides drückt sich stimmlich in **steigendem Melos bei jeweils fallendem Schluß** aus. Ähnlich verhält es sich mit der Talwanderung im zweiten Absatz.

Der folgende Testsatz und die zu ihm gehörende graphische Darstellung sollen verdeutlichen, was ich mit steigendem Melos bei jeweils fallendem Schluß meine. Es handelt sich bei dem HÖLDERLIN-Text nicht um Aufzählungen, sondern um Variationen desselben Themas. Ähnlich verläuft mein Testsatz.

Testsatz: "Ich war zehnmal hier, zwanzigmal, dreißigmal, ja vierzigmal, und erst beim dreiundvierzigsten Male habe ich dich angetroffen" (Sie können das Zahlenspiel beliebig erweitern).

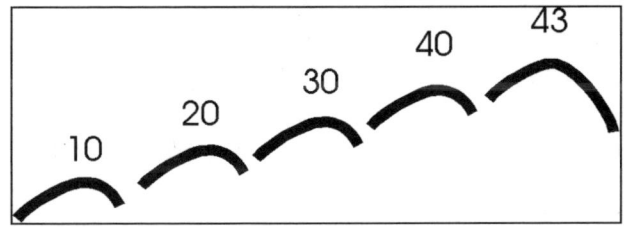

Übertragen Sie nun die Sprechkurven auf die beiden Absätze des HÖLDERLIN-Textes. Die Gipfel lauten (anstelle der Zahlen) im ersten Absatz [Aufstiegsschilderung - s.o.]:

Blumen / Vögel / Gebete der Täler / Stimmen der Herde / Morgenglocken / das hohe Licht;

und im zweiten Absatz [Talwanderung - ...*wenn nun die Erd...*]:

Schatte / Zweige / Gipfel / Abendwolke / Sonne bzw. *Lüfte.*

Manche Sprech-"Gipfel" weiten sich zu Plateaus, z.B. wenn *das hohe Licht* im ersten Absatz erscheint. Hier müssen Sie die Spannung und (annähernd) die Höhe halten, um im 2. Teil des Gedankens abspannen zu können: *o wie der Mond...so stand ich...dann auch über den Ebnen...*

④GEORG BÜCHNER: aus *Lenz*

Den 20. [Jänner] ging Lenz durchs Gebirg. Die Gipfel und hohen Bergflächen im Schnee, die Täler hinunter graues Gestein, grüne Flächen, Felsen und Tannen.

Es war naßkalt; das Wasser rieselte die Felsen hinunter und sprang über den Weg. Die Äste der Tannen hingen schwer herab in die feuchte Luft. Am Himmel zogen graue Wolken, aber alles so dicht - und dann dampfte der Nebel herauf und strich schwer und feucht durch das Gesträuch, so träg, so plump.

Er ging gleichgültig weiter, es lag ihm nichts am Weg, bald auf-, bald abwärts. Müdigkeit spürte er keine, nur war es ihm manchmal unangenehm, daß er nicht auf dem Kopf gehn konnte.

Anfangs drängte es ihm in der Brust, wenn das Gestein so wegsprang, der graue Wald sich unter ihm schüttelte und der Nebel die Formen bald verschlang, bald die gewaltigen Glieder halb enthüllte; es drängte in ihm, er suchte nach etwas, wie nach verlornen Träumen, aber er fand nichts. Es war ihm alles so, klein, so nahe, so naß; er hätte die Erde hinter den Ofen setzen mögen. Er begriff nicht, daß er so viel Zeit brauchte, um einen Abhang hinunter zu klimmen, einen fernen Punkt zu erreichen; er meinte, er müsse alles mit ein paar Schritten ausmessen können.

⇨

BÜCHNER leitet literarisch eine neue Epoche ein. Die Wiedergabe der Natur ist ganz subjektive Schau. Die Landschaft wird geradezu umgewandelt, wird zur Projektion seelischer Kämpfe und Ängste des Betrachters. Ein früher Expressionismus drückt sich hier aus. BÜCHNER gelingt es mit der Naturbeschreibung, ein Abbild des Wahnsinns zu zeichnen: *als jage der Wahnsinn auf Rossen hinter ihm.*

Wenn Sie den Text erstmalig leise lesen, wird Ihnen der knappe, fast lakonische Ton auffallen, mit dem die kurzen Gedanken und Sinnschritte hingeworfen werden. Sie erkennen sehr schnell, daß es sich fast ausschließlich um **fallende Schlüsse** handelt. Bringen Sie die "surrealistischen" Wendungen (z.B. im dritten Absatz: *...auf dem Kopf gehn...*oder im vierten Absatz:*...die Erde hinter den Ofen setzen...*) so wertungsfrei wie möglich; so "als wäre nichts geschehen". Erst der Hörer wertet und rückt die Dinge zurecht!

Während Melos und Dynamik sich kaum steigern und über lange Passagen hin unverändert bleiben, wächst gleichzeitig eine "innere Dynamik", die zum Ausbruch drängt, ohne daß es wirklich zu einem Ausbruch kommt. Wie kann man den Widerspruch, der BÜCHNERs Novelle so aufregend macht, stimmlich ausdrücken?

Ich möchte vermeiden, schon an dieser Stelle Anweisungen für die sprecherische Wiedergabe von Gefühlen zu geben und verweise auf das Kapitel 7 über den Lautbezug[33] .

Wie der Ton erst die Musik macht, so macht die Stimme des Sprechers erst die Dichtung. Die Ausdruckskraft der Stimme beruht zum größten Teil auf der Wirkung der Verben und der Adjektiva.

Machen Sie sich die Mühe und stellen Sie eine Liste der verwendeten **Verben** auf - sie sind der Gradmesser der inneren Dynamik eines Wortkunstwerkes. Betrachten Sie z.B. den Anfang des 4. Absatzes: *drängte / wegsprang / schüttelte / verschlang / enthüllte / es drängte / suchte...*, alles Verben großer Bild- und suggestiver Ausdruckskraft. Diese Eigenschaft der Verben kommt erst durch die Artikulation voll zum Ausdruck. Die Laute - Vokale wie Konsonanten - haben lautmalende Wirkung und müssen so genau wie möglich artikuliert werden. Alles Verschwommene, Ungenaue in der Aussprache unterbricht die Kette der Assoziationen beim Hörer und läßt seine Vorstellungsinhalte verblassen. Die Alliteration *W*olken *w*ie *w*ilde, *w*iehernde Rosse verliert jeden musikalischen Charakter, wenn die Konsonanten und Vokale, die den Stabreim bilden, ungenau artikuliert werden.

Bei den **Adjektiven** rate ich zur Vorsicht. Sie haben durch ihre Nähe zu den Substantiven meist schon eine so starke Suggestivkraft, daß sie nicht auch noch stimmlich hervorgehoben werden müssen: *lichtblaue Seen / verhallende Donner / wiehernde Rosse* etc. Hüten Sie sich vor jeder Art stimmlicher Nachahmung!

---

[33] s. S. 106 ff.

④ BÜCHNER: aus *Lenz*

Nur manchmal, wenn der Sturm das Gewölk in die Täler warf, und es den Wald
herauf dampfte, und die Stimmen an den Felsen wach wurden, bald wie fern
verhallende Donner und dann gewaltig heranbrausten, in Tönen, als wollten sie in
ihrem wilden Jubel die Erde besingen, und die Wolken wie wilde, wiehernde Rosse
heransprengten, und der Sonnenschein dazwischen durchging und kam und sein
blitzendes Schwert an den Schneeflächen zog, so daß ein helles, blendendes Licht
über die Gipfel in die Täler schnitt; oder wenn der Sturm das Gewölk abwärts trieb
und einen lichtblauen See hineinriß und dann der Wind verhallte und tief unten aus
den Schluchten, aus den Wipfeln der Tannen wie ein Wiegenlied und
Glockengeläute heraufsummte, und am tiefen Blau ein leises Rot hinaufklomm und
kleine Wölkchen auf silbernen Flügeln durchzogen, und alle Berggipfel, scharf und
fest, weit über das Land hin glänzten und blitzten - riß es ihm in der Brust, er stand,
keuchend, den Leib vorwärts gebogen, Augen und Mund weit offen, er meinte, er
müsse den Sturm in sich ziehen, alles in sich fassen, er dehnte sich aus und lag über
der Erde, er wühlte sich in das All hinein, es war eine Lust, die ihm wehe tat; oder
er stand still und legte das Haupt ins Moos und schloß die Augen halb, und dann
zog es weit von ihm, die Erde wich unter ihm, sie wurde klein wie ein wandelnder
Stern und tauchte sich in einen brausenden Strom, der seine klare Flut unter ihm
zog. Aber es waren nur Augenblicke; und dann erhob er sich nüchtern, fest, ruhig,
als wäre ein Schattenspiel vor ihm vorübergezogen - er wußte von nichts mehr.
Gegen Abend kam er auf die Höhe des Gebirgs, auf das Schneefeld, von wo man
wieder hinabstieg in die Ebene nach Westen. Er setzte sich oben nieder. Es war
gegen Abend ruhiger geworden; das Gewölk lag fest und unbeweglich am Himmel;
so weit der Blick reichte, nichts als Gipfel, von denen sich breite Flächen
hinabzogen, und alles so still, grau, dämmernd. Es wurde ihm entsetzlich einsam;
er war ganz allein, ganz allein. Er wollte mit sich sprechen, aber er konnte nicht, er
wagte kaum zu atmen; das Biegen seines Fußes tönte wie Donner unter ihm, er
mußte sich niedersetzen. Es faßte ihn eine namenlose Angst in diesem Nichts: er
war im Leeren! Er riß sich auf und flog den Abhang hinunter.
Es war finster geworden, Himmel und Erde verschmolzen in eins. Es war, als
ginge ihm was nach und als müsse ihn was Entsetzliches erreichen, etwas, das
Menschen nicht ertragen können, als jage der Wahnsinn auf Rossen hinter ihm.
Endlich hörte er Stimmen; er sah Lichter, es wurde ihm leichter.

Lange Sätze (wie der nebenstehende) sollten Sie nicht mehr abschrecken. Dieser unendlich lange Satz i s t nicht zu speichern. Das Ende - *riß es ihm in der Brust* - kann der Hörer mit bestem Willen nicht mit dem Anfang - *nur manchmal* - in sinnvolle Verbindung bringen. Es gelingt weder durch schnelles noch durch besonders betontes Sprechen! BÜCHNER hat hier eine Bildfolge geschaffen, die Sie Schritt für Schritt nachzuvollziehen haben, so daß der Hörer die Bilder "sehen" kann. Sie sollen ihn wie unseren Helden "aus sich herauswerfen". Es soll ihm *in der Brust* reißen, ihn zerreißen. Die Novelle ist ein Beispiel dafür, wozu Sprache fähig ist! Hören Sie sich das an: *er dehnte sich aus und lag über der Erde, er wühlte sich in das All hinein, es war eine Lust, die ihm wehe tat.* Beachten Sie die Rolle der Verben! Und jeder Gedanke mit fallendem Abschluß! Hier handelt es sich nicht etwa um Aufzählungen!

Alles Geheimnisvolle, Rätselhafte, Unbekannte, für das es keinen rechten Namen gibt, wird im Deutschen mit dem Wort "es" umschrieben: *Es war ruhiger geworden / Es wurde ihm entsetzlich einsam / Es faßte ihn eine namenlose Angst / Es war finster geworden / Es war, als ginge ihm was nach / Es wurde ihm leichter* - Sätze, nur aus den letzten 3 Absätzen herausgenommen! Dieses *Es* gibt den Seelenzustand Lenzens wieder; es häuft sich, wo Angst und Verwirrung den Helden umgeben, es verliert sich an lichten, freundlichen, realitätsbezogenen Stellen.

Lesen Sie den Text noch einmal und seien Sie sich dabei der Besonderheit des *Es* bewußt. Ich bin überzeugt, Ihr Vortrag wird sich dieser *Es*-Häufung anpassen.

> Vergleichen Sie den *Lenz* nun mit dem 10.Mai-Brief GOETHEs. Der Unterschied ist auffallend. So kommt z.B. das *Es* bei GOETHE lediglich zweimal vor, einmal in der Apostrophierung (*wenn's*) und einmal rückbezüglich - also keineswegs in jenem oben beschriebenen "besonderen" Sinne. Betrachten Sie auch den HÖLDERLIN-Text noch einmal. Dieser Brief wird Ihnen, nachdem Sie die Abgründe im *Lenz* erlebt haben, in seiner religiös-hymnischen Naturschwärmerei geradezu naiv erscheinen. Übrigens: ein einziges *Es* kommt hier vor, gleich am Anfang (*Ich hatt es nie...erfahren*).

Sprechen Sie die drei Texte mehrmals hintereinander, lassen Sie sich einfangen von der Schönheit und Tiefe jedes der Werke. Es gibt keine überzeugendere und bessere Weise, sich mit den Lebensgefühlen der drei literarischen Epochen vertraut zu machen. Nur so wird Literatur zu dem, was sie ist: Lebendige gesprochene Sprache.

④**ERNST STADLER:** *Abendschluß*

Die Uhren schlagen sieben. Nun gehen überall in der Stadt die Geschäfte
    aus.
Aus schon umdunkelten Hausfluren, durch enge Winkelhöfe aus protzigen
    Hallen drängen sich die Verkäuferinnen heraus.
Noch ein wenig blind und wie betäubt vom langen Eingeschlossensein
Treten sie, leise erregt, in die wollüstige Helle und die sanfte Offenheit des
    Sommerabends ein.
Griesgrämige Straßenzüge leuchten auf und schlagen mit einem Male helle-
    ren Takt,
Alle Trottoirs sind eng mit bunten Blusen und Mädchengelächter vollge-
    packt.
Wie ein See, durch den das starke Treiben eines jungen Flusses wühlt,
Ist die ganze Stadt von Jugend und Heimkehr überspült.
Zwischen die gleichgültigen Gesichter der Vorübergehenden ist ein vielfälti-
    ges Schicksal gestellt -
Die Erregung jungen Lebens, vom Feuer dieser Abendstunde überhellt,
In deren Süße alles Dunkle sich verklärt und alles Schwere schmilzt, als wäre
    es leicht und frei,
Und als warte nicht schon, durch wenige Stunden getrennt, das triste Einerlei
Der täglichen Fron - als warte nicht Heimkehr, Gewinkel schmutziger Vor-
    stadthäuser, zwischen nackte Mietskasernen gekeilt,
Karges Mahl, Beklommenheit der Familienstube und die enge Nachtkammer,
    mit den kleinen Geschwistern geteilt,
Und kurzer Schlaf, den schon die erste Frühe aus dem Goldland der Träume
    hetzt -
All das ist jetzt ganz weit - vom Abend zugedeckt - und doch schon da, und
    wartend wie ein böses Tier, das sich zur Beute niedersetzt,
Und selbst die Glücklichsten, die leicht mit schlankem Schritt
Am Arm des Liebsten tänzeln, tragen in der Einsamkeit der Augen einen
    fernen Schatten mit.

STADLER, ein Zeitgenosse HOFMANNSTHALs und GEORGES, zählt wie MOMBERT (s. S. 20 und S. 84) zu den Wegbereitern des Expressionismus. STADLER (s. auch S 102) ist 1914, gleich zu Beginn des 1. Weltkrieges, mit 31 Jahren gefallen.

Ich habe das Gedicht *Abendschluß* hier aufgenommen wegen der Besonderheit seiner Form: **Langzeilen mit Endreim**. Mir ist keine ähnliche Lyrik bekannt. Die Zeilen reichen z. T. über das Buchformat hinaus und mußten geteilt und auf der nächsten Reihe eingerückt werden. Solche Zeilen müssen wie e i n e Langzeile gelesen werden. Wenn man die vom Dichter vorgegebene Zeileneinteilung wegließe und das Gedicht wie Prosa niederschriebe, würde man den Reim vermutlich gar nicht wahrnehmen. Man würde ihn überlesen. Mit anderen Worten: Hier wird jede Zeile wie Prosa behandelt und jedes metrische Gleichmaß b e w u ß t vermieden. Und doch ergeben sich durch die Reimwörter so etwas wie Takteinheiten (jede Zeile = ein Takt). Die Reimwörter sind Endpunkte, auf die jede Zeile hinsteuert - Sie werden es bemerken, je öfter Sie das Gedicht lesen.

Machen Sie sich zuerst vertraut mit dieser Art "Vers"gestaltung. Es gibt auch hier (wahrscheinlich entstanden durch den Reimzwang) 2 Zeilen mit Enjambement: *Und als warte nicht schon...das triste Einerlei / Der täglichen Fron...*und: *...mit schlankem Schritt / Am Arm des Liebsten tänzeln...*Das sind die Ausnahmen. Sonst fallen immer Ende der Zeile und Ende des Gedankens zusammen.

Der **Sinnbezug** ist leicht herzustellen. Aber Sie werden bemerkt haben, daß das lebensfrohe Bild der Großstadtstraße, das der Dichter entwirft, allmählich, anfangs kaum wahrnehmbar, durch tristere Bilder abgelöst, übertüncht wird. Das freundliche Bild leuchtet später noch ein zweites Mal auf, verschwindet aber endgültig hinter der mißtönenden Prophezeiung des Schlusses. In diesem Changieren der Bilder liegt die Schwierigkeit für den Sprecher. Suchen Sie die betreffenden Stellen heraus und probieren Sie, die Unterschiede durch stimmliche Farbgebungen und Änderung des Sprechtempos wiederzugeben. Ab *Und als warte nicht schon....*bis *...der Träume hetzt* sollten Sie die Gedanken wie Aufzählungen (mit steigendem oder schwebendem Schluß), mit scharfer Akzentuierung[34] bei sich steigerndem Tempo sprechen. Der nächste Gedanke (*All das ist jetzt ganz weit - vom Abend zugedeckt*) knüpft an die heiteren Bilder an. Er ist langsamer, als handle es sich um ein Ausruhen, und ist wohl auch leiser zu sprechen.

Danach, ab: *wartend wie ein böses Tier..*bis zum Schluß, werden die Worte vorsichtig tastend gesetzt, mit größeren Pausen zwischen den Sinnschritten. Der Sprecher wird zum Seher.

Sie finden den entsprechenden Ton leichter, wenn Sie die Gedanken mit einer Verwunderung, mit leisem Staunen äußern. Das Fragezeichen in Klammern (?) soll das Staunen andeuten, keineswegs eine echte Frage versinnbildlichen:

⇨

---

[34] zur stimmlichen Farbgebung vergl. auch S. 107 ff.

④ ERNST STADLER: *Abendschluß*

Und manchmal, wenn von ungefähr der Blick der Mädchen im Gespräch zu
    Boden fällt,
Geschieht es, daß ein Schreckgesicht mit höhnischer Grimasse ihrer Fröhlich-
    keit den Weg verstellt.
Dann schmiegen sie sich enger, und die Hand erzittert, die den Arm des
    Freundes greift,
Als stände schon das Alter hinter ihnen, das ihr Leben dem Verlöschen in der
    Dunkelheit entgegenschleift.

*...daß ein Schreckgesicht mit höhnischer Grimasse (?) ihrer Fröhlichkeit | den
Weg verstellt (?)...Als stände schon das Alter hinter ihnen (?)| das ihr Leben |
dem Verlöschen in der Dunkelheit | entgegenschleift.*

Ich setze voraus, daß Sie inzwischen den Sinnbezug deutlich herausarbeiten können. Die Atmungseinschnitte bzw. Zäsuren sollten z.B. in der 2. und 3.Z. (auf S.60)
folgendermaßen gesetzt werden:

> *Aus schon umdunkelten Hausfluren,| durch enge Winkelhöfe aus prot-*
> *zigen Hallen | drängen sich die Verkäuferinnen heraus.|*
> *Noch ein wenig blind | und wie betäubt vom langen Eingeschlossensein |*
> *Treten sie, leise erregt, in die wollüstige Helle | und die sanfte Offenheit des*
> *Sommerabends ein.*

Sie können in diesem Beispiel anstelle einiger Atmungspausen auch Zäsuren ohne
Einatmung halten - das ist selbstverständlich Ihnen überlassen. Sie allein haben zu
entscheiden, was als Gedanke oder als Sinnschritt zu gelten hat. Wichtig ist nur,
daß eine sinnvolle Gliederung und der Verlauf der Sprechkurve festgelegt werden.

Wir wollen noch einmal auf den **Reim** zurückkommen. Er ist, wie ich bereits sagte,
ein wichtiges Gestaltungsmittel des Dichters. Sprechen Sie die Zeilen, wie bisher,
gleichsam als Prosa. Halten Sie sich nur an den Sinn. Also akzentuieren Sie nur
das, was Sie glauben, hervorheben zu müssen. Ein Versmaß gibt es nicht, das Sie
berücksichtigen müßten.
Sprechen Sie nun die Zeilen noch einmal - genau wie bisher -, aber behalten Sie
dabei den Endreim im Hinterkopf. Auf diese Weise werden sie nach und nach,
ohne daß Sie besonderen Druck auf die Stimme geben, von dem Reimwort "ange-
zogen".
Nach unserer Methode, durch Wiederholung sicherer und bewußter zu werden,
sprechen Sie das Gedicht immer wieder, und "erleben" Sie, wie sich durch die Mit-
nahme des Endreims eine eigene Rhythmik herstellt. Dieser Rhythmus ist charakteristisch für STADLERs Lyrik.

Machen Sie - wenn Sie wollen - einen Sprung, und nehmen Sie sich das Gedicht
STADLERs auf S.102 vor.

⑤FORMBEZUG

Vers

Wir haben (z.B. auf S. 38 in *Das verschleierte Bild zu Sais*) gesehen, wie der Vers durch das **Enjambement**, durch die Zeilenlänge und den Zwang der vom Versmaß vorgeschriebenen Betonungen Einfluß auf die Sinngebung nimmt.
In der modernen Dichtung mit zum Teil freien Rhythmen versucht der Dichter, mit Hilfe der **Zeilenlänge** rhythmische Gruppierungen zu schaffen. Wenn Sie diese nicht beachten, machen Sie die Gedichte zur Prosa.
Umfassende Kenntnis auf dem Gebiet der **Metrik** ist für das Sprechen von Dichtung nicht erforderlich[35]. Um der Form des Kunstwerkes gerecht werden zu können, bedarf es vor allem eines Gespürs des Sprechers für den Rhythmus, für die Hervorhebung bestimmter Konsonanten und Vokale, für Tempi und dynamische Unterschiede.
Der Rhythmus wird vor allem geprägt durch die Silbenfüllung metrischer Einheiten, der **Verstakte** (auch **Versfüße** genannt). Die Anzahl der Hebungen und Senkungen pro Verszeile bestimmt deren Länge und z.T. auch das Sprechtempo.
Außerdem erkennen wir an der Art des Versfußes, ob der Vers mit oder ohne **Auftakt** beginnt. Hier die wichtigsten Versfüße und ihre aus der Antike übernommenen Bezeichnungen:

xx = Trochäus (Váter)   xx́ = Jambus (Gebót)   Danach hat der jambische
x̀xx = Daktylus (Bádende)   xxx́ = Anapäst (Diamánt)   Vers immer Auftakt, z.B. der 5-füßige Jambus
(Blankvers), der trochäische dagegen niemals, z.B. der 6-füßige Hexameter.

x|: x́xx:| |: x́xx:| In diesem Beispiel haben wir zwei 3er Takte, einen mit und einen ohne Auftakt. Wie in der Musik die erste Zählzeit, so wird im Vers immer die erste Silbe eines Taktes betont.
Neben dem Verszeilenanfang ist auch der Verszeilenausgang von Bedeutung für das rhythmische Gefüge. Wir unterscheiden: **männliche Kadenz** = der Vers endet mit einer Hebung: *Wohláuf, Kameráden, aufs Pférd, aufs Pférd!*
und **weibliche Kadenz** = der Vers endet mit einer Senkung: *Es schlúg mein Hérz, geschwínd zu Pférde*
Auch die **Alliteration** (Gleichklang ähnlicher Konsonanten oder Vokale in benachbarten Silben) haben wir kennengelernt: **W**ind und **W**äsche führten Zank.
Zur **Akzentuierung**: Gute Dichtung zeichnet sich u. a. darin aus, daß sie durch die Versform, z. B. durch das Enjambement, die Sinnwiedergabe fördert. Wenn sich durch Verszwang dennoch eine sinnwidrige Betonung ergibt, hat der Sinnbezug i m m e r Vorrang; es sei denn, der Dichter will gerade mit dieser rhythmischen Festlegung eine besondere Aussage machen.

---

[35] ich verweise auf die im Register angegebene Literatur zur Metrik

⑤ FRIEDRICH SCHILLER: *Die Ideale*

Vers 1-32

1   So willst du treulos von mir scheiden
Mit deinen holden Phantasien,
Mit deinen Schmerzen, deinen Freuden,
Mit allen unerbittlich fliehn?
5   Kann nichts dich, Fliehende, verweilen,
O meines Lebens goldne Zeit?
Vergebens, deine Wellen eilen
Hinab ins Meer der Ewigkeit.

Erloschen sind die heitern Sonnen,
10   Die meiner Jugend Pfad erhellt;
Die Ideale sind zerronnen,
Die einst das trunkne Herz geschwellt;
Er ist dahin, der süße Glaube
An Wesen, die mein Traum gebar,
15   Der rauhen Wirklichkeit zum Raube,
Was einst so schön, so göttlich war.

Wie einst mit flehendem Verlangen
Pygmalion den Stein umschloß,
Bis in des Marmors kalte Wangen
20   Empfindung glühend sich ergoß,
So schlang ich mich mit Liebesarmen
Um die Natur mit Jugendlust,
Bis sie zu atmen, zu erwarmen
Begann an meiner Dichterbrust,

25   Und, teilend meine Flammentriebe,
Die Stumme eine Sprache fand,
Mir wiedergab den Kuß der Liebe
Und meines Herzens Klang verstand;
Da lebte mir der Baum, die Rose,
30   Mir sang der Quellen Silberfall,
Es fühlte selbst das Seelenlose
Von meines Lebens Wiederhall.

⇨

Die Methode, mit der Sie an die Dichtung herangehen, ist immer dieselbe: Zuerst suchen Sie nach dem "Ansprechpartner" im Werk selbst. Oft verbirgt er sich hinter einem *Du* - wie in diesem Falle auch. Sie können den fiktiven Partner der Dichtung nicht ohne weiteres mit Ihrem Hörer gleichsetzen. Der reale Hörer identifiziert sich mit dem fiktiven Partner nur in Dichtungen, die in der Ich-Form[36] stehen. In *Die Ideale* wird ein Abstraktum angesprochen: die Zeit.

Bis zur 6. Z. des Gedichtes weiß der Hörer nicht, wen Sie mit dem Du ansprechen. Man könnte denken, dies sei der Anfang eines Liebesgedichtes, das von Trennung und Untreue handelt. Damit ist gleich von der ersten Zeile an das Interesse des Hörers wach. Wenn der wirkliche Bezug hergestellt ist, überträgt der Hörer das Bild von dem untreuen Partner auf des *Lebens goldne Zeit*. Damit hat das Thema einen sehr persönlichen, aber auch ungewöhnlichen Stellenwert erhalten, der neugierig macht und nachvollziehbar ist. Der Grundton der beiden ersten Strophen ist der der Trauer und Resignation.

Schwierig ist die **melodische Führung**!

Testsatz: "Willst du also wirklich gehen? (1. Z.)..willst alles mitnehmen? (2./3. Z.)
..mit allem, was du hast, mich verlassen?" (4. Z.)

Beachten Sie: Der Fragende weiß, daß die Antwort ein Ja ist. Seine Fragen sind also nur rhetorisch (mit fallendem Melos). "Das kannst du doch nicht machen!" steckt dahinter. Wir haben also immer fallendes Melos. Nur in der 4. Z. ist ein leichtes Ansteigen zu einer "angedeuteten" Frage erlaubt.

Wie in dem Testsatz das Melos von "wirklich" (Gipfel) zu "gehen" verläuft, so steigt in dem Gedicht das Melos in der 1. Z. bis *tréulos* und fällt dann bei *scheiden* ab. Die Zeilen 2 und 3 setzen nicht etwa neu an, sondern übernehmen den gleichen Ton von *scheiden*. Sie stellen nur eine "ungläubige" Ergänzung der rhetorischen Frage dar, die schließlich in der 4. Z. - jetzt mit "schwebendem Schluß - wiederholt wird. Die 5./6. Z. ist wieder eine melodische Einheit:

Testsatz: "Kann nichts dich halten, mein Freund?"

Der Anrede "mein Freund" entspricht die Z. 6. Sie ist darum der vorangehenden unterzuordnen! Die letzten beiden Zeilen der 1. Str. sind die Bestätigung der bangen Vermutung. Da die 7. Z. mit Enjambement endet, bekommt das Wort *hinab* der nächsten Z. einen leichten Akzent (vor dem Wort nicht atmen!).

In der 2. Str. (3. Z.) steht das Wort, das dem Gedicht den Titel gab: *Die Ideale*. Es ist bereits durch den Begriff *heitere Sonnen* vorbereitet und wird noch einmal mit den Worten *der süße Glaube an Wesen, die mein Traum gebar* wiederholt und variiert. Es sind nicht drei verschiedene Dinge, die angesprochen werden, sondern drei Begriffe, die dasselbe (!) meinen: Die Illusionen der Jugend. Darüber wird über 5½ Str. nachgedacht - mit glühenden Worten zwar, aber dennoch nur nachgedacht, nicht etwa enthusiastisch die "Jugend- und Schöpferlust" nachgespielt.

---

[36] vergl. S. 51 und 117

⑤ SCHILLER: *Die Ideale*

Vers 33-64

Es dehnte mit allmächt'gem Streben
Die enge Brust ein kreißend All,
35 Herauszutreten in das Leben,
In Tat und Wort, in Bild und Schall.
Wie groß war diese Welt gestaltet,
So lang die Knospe sie noch barg;
Wie wenig, ach! hat sich entfaltet,
40 Dies Wenige, wie klein und karg!

Wie sprang, von kühnem Mut beflügelt,
Beglückt in seines Traumes Wahn,
Von keiner Sorge noch gezügelt,
Der Jüngling in des Lebens Bahn.
45 Bis an des Äthers bleichste Sterne
Erhob ihn der Entwürfe Flug;
Nichts war so hoch und nichts so ferne,
Wohin ihr Flügel ihn nicht trug.

Wie leicht ward er dahin getragen,
50 Was war dem Glücklichen zu schwer!
Wie tanzte vor des Lebens Wagen,
Die luftige Begleitung her!
Die L i e b e mit dem süßen Lohne,
Das G l ü c k mit seinem goldnen Kranz,
55 Der R u h m mit seiner Sternenkrone,
Die W a h r h e i t in der Sonne Glanz!

Doch, ach! schon auf des Weges Mitte
Verloren die Begleiter sich,
Sie wandten treulos ihre Schritte,
60 Und einer nach dem andern wich.
Leichtfüßig war das Glück entflogen,
Des Wissens Durst blieb ungestillt,
Des Zweifels finstre Wetter zogen
Sich um der Wahrheit Sonnenbild.

⇨

Begriffe, wie *glühend / schlang ich mich / Kuß der Liebe* usw. könnten zu solcher "Darstellung" verführen. Die ist schon darum unangebracht, weil die Zeilen 17-52 nur Rückerinnerung sind, zwar mit der gleichen verhaltenen Leidenschaft vorgetragen, in der die 1. Str. gesprochen wurde, aber keineswegs mit dem beladen, was man gern SCHILLERsches Pathos nennt.

Beachten Sie den gedanklichen Bogen (Zn 17-28):

..Wie...Pygmalion..., So schlang ich mich...Um die Natur...;

und weiter: *..Bis sie zu atmen...begann...Und...eine Sprache fand...Und ...(mich)...verstand.*

Wenn Sie diesen Gedankengang herausarbeiten, können Sie gar nicht "ausufern". In den Zn 29-36 sollten Sie die Verben (*lebte / sang / fühlte / dehnte* etc) etwas hervorheben. Dadurch werden die Bilder lebendiger (vergl. BÜCHNER, S.56 ff.).

> Zum **Pathos**: Der Begriff wird meist negativ verwendet. Er i s t negativ, wenn der Sprecher bestimmte Begriffe der Sprache nur illustriert, bezw. ihren Inhalt durch stimmlichen Aufwand hervorzuheben trachtet, wodurch der Sinn entstellt oder die Worte entleert werden. Der Begriff Pathos ist positiv zu werten, wenn damit eine ausdrucksstarke Sprachgestaltung gemeint ist, die sich am Sinn und an Vorstellungsinhalten orientiert.

SCHILLER hat einen vierfüßigen jambischen Vers (also mit Auftakt) gewählt, den er in eine achtzeilige Strophenform gebracht hat. Diese Festlegung auf acht Zeilen bietet viel Raum für die Ausbreitung des Themas. Zugleich verhindert die strenge Form (Endreim mit wechselnder weiblicher und männlicher Kadenz, festgelegtes Schema von vier Reimpaaren) eine zu starke emotionale Überfrachtung der Gedanken, was jenem gerügten SCHILLERschen Pathos entsprechen würde. Wenn Sie sich an die Form halten, können Sie nicht "pathetisch" werden.

Betrachten Sie die nebenstehenden Strophen. Vermitteln Sie die Form u n d den Sinn. Lösen Sie die Form anfangs in Prosa auf:

Testsatz: "Ein kreißend <u>All</u> dehnte mit allmächtigem Streben die enge Brust..." Das Wort *All* hat den Hauptakzent bei gleichzeitig sinkendem (!) Melos. Sagen Sie den Satz mehrmals, bis Ihnen geläufig ist, daß das kreißende (= gebärende) All die Brust dehnte, "um ins <u>Leben</u> herauszutreten" - und zwar *in Tat und Wort, in Bild und Schall*. Machen Sie sich also klar, daß der erste Satz bereits auf den nachfolgenden zielt. Wenn Ihnen das sozusagen zum Eigentum geworden ist, als wären es I h r e Gedanken und Worte, dann übertragen Sie das Melos des Testsatzes haargenau auf den Originaltext. Die Krönung des Gedankens liefert dann die Z. 37 mit fallendem Schluß am Zeilenende, so daß die nachfolgende Z. nicht etwa neu ansetzt, sondern melodisch den Schlußton der vorangehenden übernimmt. Die Zn 37-40 sind wieder eine gedankliche Einheit und mit dem gleichen "Moll"klang zu sprechen. (Wenn Sie in Z. 39 eine Zäsur machen wollen, dann n a c h dem *ach!* - wir binden also hier die Interjektion[37] an das vorangehende Wort.)

---

[37] vergl. S. 55

⑤ SCHILLER: *Die Ideale*

Vers 65-88

65 Ich sah des Ruhmes heil'ge Kränze
Auf der gemeinen Stirn entweiht.
Ach, allzuschnell, nach kurzem Lenze
Entfloh die schöne Liebeszeit!
Und immer stiller ward's und immer
70 Verlaßner auf dem rauhen Steg;
Kaum warf noch einen bleichen Schimmer
Die Hoffnung auf den finstern Weg.

Von all dem rauschenden Geleite
Wer harrte liebend bei mir aus?
75 Wer steht mir tröstend noch zur Seite
Und folgt mir bis zum finstern Haus?
Du, die du alle Wunden heilest,
Der F r e u n d s c h a f t leise, zarte Hand,
Des Lebens Bürden liebend teilest,
80 Du, die ich frühe sucht' und fand.

Und du, die gern sich mit ihr gattet,
Wie sie, der Seele Sturm beschwört,
B e s c h ä f t i g u n g , die nie ermattet,
Die langsam schafft, doch nie zerstört,
85 Die zu dem Bau der Ewigkeiten
Zwar Sandkorn nur für Sandkorn reicht,
Doch von der großen Schuld der Zeiten
Minuten, Tage, Jahre streicht.

Nachdem SCHILLER in der 7. Str. die Ideale als *luftige Begleitung des Lebens* bezeichnet hat, wird in den nächsten zwei Str. ihre treulose Abkehr dargestellt. Er findet auch hier starke Bilder und ist keineswegs abstrakt, obgleich es sich doch durchweg um abstrakte Begriffe, wie *Liebe / Glück / Ruhm / Wahrheit,* handelt. In nur 8 Zeilen stellt er die Widersprüche zwischen Ideal und Wirklichkeit dar (Zn 61-68).

Achten Sie beim Vortrag des Gedichtes auf die oben genannten Begriffe. Sie sind Brennpunkt jeder Zeile. Unter seinem Einfluß steht alles andere: Melos und alle Akzentuierungen. Nehmen Sie selbstgebaute Testsätze zu Hilfe.

So hat die Z. 61 als einzigen Bezug das Wort *Glück* und endet entsprechend.

Die *Wahrheit* beansprucht 3 Zeilen (Zn 62-64); wobei die Begründung für ihr Verschwinden vorangestellt wird! "Des Wissens Durst blieb ungestillt" - denn: "Der Zweifel verdunkelte die Wahrheit". Das muß völlig klar aus Ihrer Rezitation hervorgehen.

> *Des Wissens Durst* █ *blieb ungestillt* █ ⇩ (denn)
> *Des Zwéifels* █ *finstre Wetter zogen* █ ↘
> *Sich um der Wáhrheit* █ *Sonnenbild.*

Ähnlich bereiten Sie die nächsten Zeilen vor:

Der *Ruhm* Z. 65/66; die *Liebeszeit* Z. 67/68. In Z. 68 ergibt sich durch Enjambement eine leichte Betonung des Wortes *entfloh*, was die Bildkraft der Aussage verstärkt. Überhaupt sind diese Strophen ein hervorragender Beleg für die Behauptung, das Enjambement unterstütze den Sinnbezug. Z.B.: Z. 67/68 - *Entflóh*; Z. 69/70 - *Verláßner*; Z. 72 - *Die Hóffnung,* nach diesem Wort empfiehlt sich eine Zäsur, um deutlich zu machen, daß *die Hoffnung* als neuer, bisher nicht benannter Begleiter des Lebenswagens zentraler Begriff dieser beiden Zeilen ist.

Wie am Anfang des Gedichtes, so stehen auch am Ende Fragen. Sie leiten die beiden letzten Strophen ein. Gehen Sie vor, wie wir es am Anfang geübt haben. Wenn Sie von einer skandierenden Sprechweise noch immer nicht loskommen, versuchen Sie es wieder mit einem Testsatz, indem Sie den vorgegebenen Text evtl. wieder in Prosa fassen.

Beachten Sie: Das erste *Du* in Z. 77 muß den g l e i c h e n Ton und Tonfall haben wie das spätere *Der Freundschaft leise, zarte Hand*! Denn letzteres ist nur die nähere Erklärung des *Du* und ist mit ihm identisch! So verhält es sich auch mit der *Beschäftigung* (Z. 83) und ihrem vorausgegangenen *Du* (Z. 81).

Der Beschäftigung wird eine ganze Strophe gewidmet. Ein wunderbarer Abschluß des Werkes! Er gleicht einem leisen, zarten musikalischen Ausklang, einem Wechsel von Moll in ein verhaltenes Dur.

Das Gedicht erschließt sich n u r über die gesprochene Sprache.

⑤ BERTOLT BRECHT: *Fragen eines lesenden Arbeiters*

Wer baute das siebentorige Theben?
In den Büchern stehen die Namen von Königen.
Haben die Könige die Felsbrocken herbeigeschleppt?
Und das mehrmals zerstörte Babylon -
Wer baute es so viele Male auf? In welchen Häusern
Des goldstrahlenden Lima wohnten die Bauleute?
Wohin gingen an dem Abend, wo die chinesische Mauer fertig war
Die Maurer? Das große Rom
Ist voll von Triumphbögen. Wer errichtete sie? Über wen
Triumphierten die Cäsaren? Hatte das vielbesungene Byzanz
Nur Paläste für seine Bewohner? Selbst in dem sagenhaften Atlantis
Brüllten in der Nacht, wo das Meer es verschlang
Die Ersaufenden nach ihren Sklaven.

Der junge Alexander eroberte Indien.
Er allein?
Cäsar schlug die Gallier.
Hatte er nicht wenigstens einen Koch bei sich?
Philipp von Spanien weinte, als seine Flotte
Untergegangen war. Weinte sonst niemand?
Friedrich der Zweite siegte im Siebenjährigen Krieg. Wer
Siegte außer ihm?

Jede Seite ein Sieg.
Wer kochte den Siegesschmaus?
Alle zehn Jahre ein großer Mann.
Wer bezahlte die Spesen?

So viele Berichte.
So viele Fragen.

Der nebenstehende Text hat freie und damit unregelmäßige Zeilenfüllungen. Die bewußte Festlegung der Zeilenlängen macht ihn zum Gedicht. Wie in der Versdichtung gibt es auch hier den Zeilenbruch. Er entsteht allerdings nicht durch Verszwang, sondern durch die Entscheidung des Dichters, die Zeilenlänge kürzer als die des Gedankens zu gestalten.

Da der Autor auf metrische Festlegungen verzichtet, ist auch der Sprecher weniger auf Betonungen festgelegt. Auch er steht nicht unter Verszwang und hat größeren Spielraum bei der Sinngebung:

Er allein? = 3 Silben = 1 Hebung   oder: *Ér allein?*
So viele Beríchte = 6 Silben = 1 Hebung   oder: *Só viele Berichte.*

Der Autor hat hierauf keinen Einfluß genommen. Er behält sich Einfluß auf die Sinngebung nur über die **Zeilengliederung** vor:

Bei harmonischer oder proportionaler Gliederung der Zeilen entspricht eine Zeile der Länge eines Gedankens.

Bei disproportionaler Gliederung überschreitet der Gedanke die Zeile; damit legt der Autor Verlauf und Richtung des Gedankens fest.

Beachte: Auch hier gilt, was für die versgebundene Dichtung gilt. Innerhalb von Sinnschritten darf nicht geatmet werden

Z.B. 7.-13. Z.:

7 ▮*Wohin gingen an dem Abend, wo die chinesiche Mauer fertig war* ▮
8 *Die Maurer?* ▮*Das große Rom*▮
9 *Ist voll von Triumphbögen.* ▮ *Wer errichtete sie?* ▮*Über wen*▮
10 *Triumphierten die Cäsaren?* ▮*Hatte das vielbesungene Byzanz*▮
11 *Nur Paläste für seine Bewohner?* ▮*Selbst in dem sagenhaften Atlantis*▮
12 *Brüllten in der Nacht,*▮ *wo das Meer es verschlang*▮
13 *Die Ersaufenden nach ihren Sklaven.*

(Bedeutung der Zeichen s. S.32).

Durch diese Art der Gliederung entsteht mehr noch als bei gebundener Dichtung eine sehr eigenwillige Rhythmik (ich nenne sie **Synkopierung** - in Anlehnung an die Musik), die natürlich Einfluß auf die Sinngebung hat. Die Einatmungspausen innerhalb der Zeilen sind denkbar kurz; der Gedanke drängt vorwärts, er sucht nach Harmonisierung, z.B. am Ende der 13. Z.

Vergl. Sie diesen Teil des Gedichts z.B. mit den 6 Schlußzeilen (ohne Synkopierungen): Der Unterschied ist ohrenfällig!

Zur Interpunktion, z.B. über den Einfluß der Fragezeichen auf die Stimmgebung, verweise ich u.a. auf die Seiten: 23 und 37.

⑤ BERTOLT BRECHT: *Legende von der Entstehung des Buches Taoteking auf dem Weg des Laotse in die Emigration*

1
Als er Siebzig war und war gebrechlich
Drängte es den Lehrer doch nach Ruh.
Denn die Güte war im Lande wieder einmal schwächlich
Und die Bosheit nahm an Kräften wieder einmal zu.
Und er gürtete den Schuh.

2
Und er packte ein, was er so brauchte:
Wenig. Doch es wurde dies und das.
So die Pfeife, die er immer abends rauchte
Und das Büchlein, das er immer las.
Weißbrot nach dem Augenmaß.

3
Freute sich des Tals noch einmal und vergaß es
Als er ins Gebirg den Weg einschlug.
Und sein Ochse freute sich des frischen Grases
Kauend, während er den Alten trug.
Denn dem ging es schnell genug.

4
Doch am vierten Tag im Felsgesteine
Hat ein Zöllner ihm den Weg versperrt:
"Kostbarkeiten zu verzollen?" - "Keine."
Und der Knabe, der den Ochsen führte, sprach: "Er hat gelehrt."
Und so war auch das erklärt.

5
Doch der Mann in einer heitren Regung
Fragte noch: "Hat er was rausgekriegt?"
Sprach der Knabe: "Daß das weiche Wasser in Bewegung
Mit der Zeit den mächtigen Stein besiegt.
Du verstehst, das Harte unterliegt."

⇨

Dies ist für mich eines der schönsten Gedichte BRECHTs. Es vereint Klarheit des Gedankens mit Anmut und Humor.

Was die Klarheit des Gedankens und damit der Aussage betrifft, möchte ich Sie auf die Strophen 4 und 5 aufmerksam machen. In äußerst knapp gehaltenen Dialogen (2 Fragen, 2 Antworten) formuliert Brecht auf einfache und überzeugende Weise das Thema jenes Buches, um das es in diesem Gedicht geht. Auch die Charakterisierung der Figuren und ihre soziale Zuordnung geschieht mit wenigen Strichen.

Die heitere Ruhe, die Wiedergabe der Gruppe (Alter, Knabe, Ochse), die Art ihrer Bewegung, das Detail in der Gesamtschau - alles erinnert an die Anmut jener chinesischen Zeichnung,die die Begegnung LAOTSEs mit dem Grenzwächter wiedergibt.

Und der Humor spricht aus der liebevollen Beschreibung der Figuren, besonders der des Philosophen; aber vor allem verschafft die jeweils 5. Z. jeder Strophe durch ihre Eigenform besonderes Vergnügen. Sie unterscheidet sich von den anderen durch den plötzlichen Rhythmuswechsel.

BRECHT hält sich an die gebundene Lyrik mit Endreim. Mit den Verszeilen geht er dabei teilweise sehr eigenwillig um. Er wird 8füßig, wo er vorher 7- oder 5füßig war (Str. 1-5, jeweils Z. 4). Und da die 4. Z. meist verlängert wird, wirkt die 5. Z. um so kürzer: 1. Str., 4. Z. = 7 Hebungen; 5. Z. = 4 Hebungen.

Beachte: Die 5. Z. ist fast in jeder Strophe so etwas wie ein mit Augenzwinkern vorgetragener Kommentar oder Zusatz oder ergänzender Hinweis, in den letzten Strophen sogar eine lächelnd hingeworfene Anrede des Zuhörers - alles das drückt sich als rhythmische Besonderheit aus.

Der **Endreim** ist nach dem Schema a-b-a-b-b angelegt. Damit fällt die 5. Z. - das fünfte Rad am Wagen - wieder aus dem Rahmen, in dem sie sich "noch schnell" an das Reimwort b hängt und somit diesen Reim verdreifacht.

Durch den Endreim sind Sie nicht so fest an die Einhaltung des Enjambements gebunden, die Form ist auch so stabil genug.

Sehr wichtig ist das **Tempo**, in dem Sie das Gedicht sprechen: Es ist so ruhig wie die Bewegungen der Figuren. Schon die 1. Z. der 1. Str. sollten Sie als zwei Sinnschritte betrachten und dazwischen atmen. Sie können dann in der 2. Z. die Betonung auf das *doch* legen, wodurch die Entscheidung des Siebzigjährigen humorvoll apostrophiert wird.

➪

⑤ BRECHT: *Legende von der Entstehung des Buches Taoteking*

6
Daß er nicht das letzte Tageslicht verlöre
Trieb der Knabe nun den Ochsen an
Und die drei verschwanden schon um eine schwarze Föhre
Da kam plötzlich Fahrt in unsern Mann
Und er schrie: "He, du! Halt an!

7
Was ist das mit diesem Wasser, Alter?"
Hielt der Alte: "Intressiert es dich?"
Sprach der Mann: "Ich bin nur Zollverwalter
Doch wer wen besiegt, das intressiert auch mich.
Wenn du's weißt, dann sprich!

8
Schreib mir's auf! Diktier es diesem Kinde!
So was nimmt man doch nicht mit sich fort.
Da gibt's doch Papier bei uns und Tinte.
Und ein Nachtmahl gibt es auch: ich wohne dort.
Nun, ist das ein Wort?"

9
Über seine Schulter sah der Alte
Auf den Mann: Flickjoppe. Keine Schuh.
Und die Stirne eine einzige Falte.
Ach, kein Sieger trat da auf ihn zu.
Und er murmelte: "Auch du?"

10
Eine höfliche Bitte abzuschlagen
War der Alte, wie es schien, zu alt.
Denn er sagte laut: "Die etwas fragen
Die verdienen Antwort." Sprach der Knabe: "Es wird auch schon kalt."
"Gut, ein kleiner Aufenthalt."

⇨

Daß Brecht an den Zeilenschluß keine Kommata setzt[38] , ist Wasser auf unsere Mühle. Der Schriftsteller verläßt sich auf die Gliederung durch die von ihm vorgegebene Form, nicht auf grammatikalische Zeichen.

Die erzählerische, fast epische Form mit ihrem ruhig fließenden Tempo verträgt entsprechende Atmungseinschnitte. So können Sie z.B. in der 6. Str. nach jeder Zeile atmen, ohne darum etwa zwischen der 1. und 2. Z. den Gedankenzusammenhang zu unterbrechen. Nach den folgenden Zeilen in dieser Strophe m ü s s e n Sie atmen, um die Sinnschritte deutlich werden zu lassen. Aber in der 5. Z. derselben Strophe sollten Sie nicht vor der wörtlichen Rede atmen; sie ist die eigentliche Aussage der ganzen Strophe, und die vorangegangenen Zeilen zielten nur auf dieses *He du! Halt an!* Hingegen verträgt die 2. Z. der 7. Str. einen Einatmungseinschnitt vor der Antwort des Alten - hier handelt es sich um zwei Gedanken; wobei der erste Gedanke (*hielt der Alte*) nicht nur die Frage einleitet, sondern auch die neue Situation (nämlich daß die Gruppe innehält) bildlich wiedergibt.

Sie sehen, es gibt keine feste Regel, was die Atmungseinschnitte betrifft, jedenfalls keine Regel, die sich aus der Zeichengebung o.ä. ableiten ließe. Jede Pause hat etwas mit der gedanklichen Gliederung zu tun, und der Sprecher muß selbst entscheiden, wie lang, wie "bedeutend" er sie machen sollte.

Auch in der 3. Z. der 7. Str. würde ich vor der wörtlichen Rede atmen. Der Atmungseinschnitt macht die nachfolgende Rede bedeutender. Aber die (berühmte) 5. Z. verträgt auch hier wieder keine Unterbrechung. Die "Sonderstellung" der 5. Z. zeigt sich auch hier wieder. Sie stellt sich immer als einen Block dar - mit vielleicht nur einer Ausnahme: in der 5. Str. nämlich. Hier können Sie sich statt des Kommas einen Doppelpunkt denken.

Du verstehst(:)das Harte unterliegt.

Aber BRECHT hat es so nicht gesetzt. Darum ist es durchaus möglich, daß auch diese Zeile ohne Zäsur zu sprechen ist. Beachten Sie bitte auch wieder die kurzen Sätze des Zöllners (7. und 8. Str.), die keinen steigenden Schluß vertragen - mit Ausnahme der Fragen.

⇨

---

[38] übrigens auch im vorangegangenen Gedicht nicht, S. 72

11
Und von seinem Ochsen stieg der Weise.
Sieben Tage schrieben sie zu zweit
Und der Zöllner brachte Essen (und er fluchte nur noch leise
Mit den Schmugglern in der ganzen Zeit).
Und dann war's soweit.

12
Und dem Zöllner händigte der Knabe
Eines Morgens einundachtzig Sprüche ein.
Und mit Dank für eine kleine Reisegabe
Bogen sie um jene Föhre ins Gestein.
Sagt jetzt: kann man höflicher sein?

13
Aber rühmen wir nicht nur den Weisen
Dessen Name auf dem Buche prangt!
Denn man muß dem Weisen seine Weisheit erst entreißen.
Darum sei der Zöllner auch bedankt:
Er hat sie ihm abverlangt.

Die Klammer in der 3. Z. (11. Str.) ist nicht etwa als Besonderheit herauszuarbeiten, damit würde man den feinen Humor augenblicklich zerstören. Nur eine kurze Einatmung leitet den neuen Gedanken ein. Das Enjambement verlangt (wegen des Endreims) kaum Berücksichtigung.

In der 12. Str. würde ich am Ende der 1. Z. nicht atmen (e i n Gedanke). Mit der 5. Z. der 12. Str. wendet sich der Erzähler direkt an den Hörer. Die Geschichte ist also mit der 4. Z. beendet. Das Bild der um die Föhre biegenden Gruppe (Wiederholung aus der 6. Str.) bildet den Abschluß, läßt aber keine lange "Ruhe"pause zu, da die 5., den Hörern längst als Besonderheit bekannte und am Ende jeder Strophe erwartete Zeile einen sofortigen Anschluß fordert. Daß diese Zeile nun direkt an den Hörer geht, ist eine neue Überraschung und zugleich reizvolle Überleitung auf die **Coda**, den Anhang.

Beachte: Zwischen der 1. und 2. Z. der 13. Str. ist zwar eine Atempause, aber die 2. Z. setzt melodisch nicht etwa höher an! Das Wort *Weisen* ist der Höhepunkt der Meloskurve für beide Zeilen. Gleichzeitig senkt sich nach dem *ei* das Melos:
⟋*Wéi*⟍*sen*
die 2. Z. übernimmt nun das fallende Melos.

⑤ARNO HOLZ: *Brücke zum Zoo*

Im Tiergarten, auf einer Bank,
behaglich,
ein Knie über das andere, bequem-nachlässig zurückgelehnt,
sitze ich
und rauche und
freue mich über die schöne Vormittagssonne!

Vor mir,
glitzernd, der Kanal:
den
Himmel spiegelnd, beide Ufer
leise schaukelnd.

Über die Brücke, langsam Schritt, reitet ein Leutnant.

Unter ihm,
zwischen den dunklen, schwimmenden, blütenkerzigen Kastanienkronen,
pfropfenzieherartig,
ins
Wasser gedreht,
den
Kragen siegellackrot,
sein
Spiegelbild.

Aus den hohen Uferulmen
schmettern die Finken,
vom nahen
Zoo,
erfreulich ohrenbeleidigend, metallischschrillgrell, markdurchdringlich,
verliebt,
erhebt sich ein Affengekreisch;
ein ganz
wahrhaftiger,
wahrer und wirklicher
Kuckuck,
irgendwo, hinter mir,
siebenmal,
ruft.

HOLZ hat versucht, mit Hilfe der Schriftform eine für seine Lyrik gültige Sprechform zu finden. Der zeitliche Ablauf wird durch eine Symmetrieachse dargestellt, auf die die Worte gleichsam aufgezogen sind. Die unterschiedlichen Zeilenlängen sind auf den ersten Blick zu erfassen. Der Sprecher s i e h t die rhythmische Gliederung. Der Autor kann auf Versmaß, Reim, Enjambement, usw. verzichten.

Wenn Sie das Gedicht ohne Rücksicht auf die vorgegebene Form abschreiben, wird es zur Prosa, einer Prosa mit vielen Nebensätzen. Sie wird es Ihnen kaum ermöglichen, die fotografische Genauigkeit der Augenblicksschilderung und die dem Text innewohnende Stimmung wiederzugeben.

Machen Sie sich zuerst mit der **Form** vertraut. Achten Sie auf jedes Zeilenende, auch, wenn manche Zeilen nur aus e i n e m Wort bestehen. Die unterschiedliche Länge der Zeilen hat nicht nur sinngliedernde Bedeutung, sondern ist auch verantwortlich für den Rhythmuswechsel. Jede Langzeile verlangt schnelleres Sprechtempo, jede Minizeile längere Pausen oder Zäsuren. Ihr Sprachgefühl wird Sie sicher den richtigen Rhythmus und das richtige Tempo finden lassen. Schwieriger ist die Einhaltung des **Sinnbezugs**. Die Stärke des Naturalisten HOLZ, die Genauigkeit der Naturwiedergabe, ist zugleich auch seine Schwäche: eine Überfrachtung der Bilder. Das ausgewählte Gedicht zählt zu den Überschaubaren[39]. Der Schwierigkeitsgrad ist also nicht so groß. Stellen Sie die Hauptgedanken zusammen[40]. Z.B.: *Im Tiergarten...sitze ich / und rauche und / freue mich.* Es ergibt sich bei der Übertragung auf den Gesamttext eine anfangs in behaglichem Ton vorgetragene Aufzählung von Bildausschnitten, die sich allmählich zu einem Mosaik zusammensetzen. Die Erzählform, behaglich von einem Ich-Erzähler vorgetragen, ist ein zusätzlicher Reiz für den Hörer. Der reitende Leutnant wird in e i n e r Zeile, die strophenartig abgesetzt ist, kommentarlos vorgestellt. *Unter ihm...sein Spiegelbild* macht ihn erst (*siegellackrot*) auffällig. Wiederum kommentarlos wird das *Affengekreisch* danebengesetzt. Ein (*wahrhaftiger, / wahrer und wirklicher*) *Kuckuck* beendet die kurze Szene, die ja eigentlich keine Szene ist, sondern viel eher ein Bild mit akustischen Signalen, ein Stück Tonfilm also. Die Atmungseinschnitte richtig zu setzen, ist keine Schwierigkeit mehr für Sie. Zum Vergleich:
Im Tiergarten,█ auf einer Bank,█ behaglich,█ ein Knie über das andere, bequemnachlässig zurückgelehnt,█ sitze ich█ und rauche█ und █ freue mich über die schöne Vormittagssonne! (Ausrufungszeichen)
Sie wissen, Sie können die gedankliche Gliederung auch anders setzen. Die Hauptsache ist, sie "stimmt" mit Form und Vorgabe überein. Beachten Sie in meinem Beispiel die Zäsur nach *und*.

---

[39] vergl. die in unserem *Sprecherzieherischen Übungsbuch*, 1994, S. 116-121 wiedergegebenen *Liebesgedichte* von HOLZ
[40] machen Sie keine Texteintragungen, um sich von Zeichen möglichst unabhängig zu halten

⑤ FRIEDRICH HÖLDERLIN: *An die Parzen*

Nur *einen* Sommer gönnt, ihr Gewaltigen!
  Und einen Herbst zu reifem Gesange mir,
    Daß williger mein Herz, vom süßen
      Spiele gesättiget, dann mir sterbe.

Die Seele, der im Leben ihr göttlich Recht
  Nicht ward, sie ruht auch drunten im Orkus nicht;
    Doch ist mir einst das Heilige, das am
      Herzen mir liegt, das Gedicht gelungen,

Willkommen dann, o Stille der Schattenwelt!
  Zufrieden bin ich, wenn auch mein Saitenspiel
    Mich nicht hinabgeleitet; *einmal*
      Lebt ich, wie Götter, und mehr bedarfs nicht.

Das nebenstehende Gedicht ist eine **Ode**.

Die Ode im "klassischen Sinne" ist ein Gedicht von metrisch genau geregeltem Strophenbau nach antikem (vor allem griechischem) Vorbild[41]. Dazu gehören u.a. die Oden KLOPSTOCKs und auch HÖLDERLINs. Daneben entstanden auch Oden, die sich nicht mehr an die strenge antike Form hielten (z. B. einige Oden von GOETHE). Die hier zitierte Odenform war die in Deutschland beliebteste.

Wir brauchen uns nicht, wie bereits erwähnt, an das Metrum zu klammern. Es genügt, wenn Sie die Hebungen und Senkungen (mit oder ohne Auftakt) erkennen und entsprechend berücksichtigen.

Die anspruchsvolle Form der Ode verlangt nach Größe und Würde des Inhalts. So auch hier. Der Dichter wählt die Form der Ode, um seine "heilige" Forderung auszudrücken: e i n m a l, wenigstens noch einmal ein Kunstwerk, ein Gedicht schaffen zu dürfen. HÖLDERLIN spricht vom *göttlichen Recht* des Dichters, nicht einfach nur von einem privaten Wunsch. Er bettelt nicht, er fordert. Das hat Einfluß auf Ihren Vortrag: Keine sentimentale Schwärmerei! Machen Sie dem Hörer bewußt, welche Rolle hier die Kunst spielt: Sie ist Lebensinhalt.
Alle 3 Str. stehen unter der Ahnung des nahenden Todes. Dadurch hat alles, was gesagt wird, doppelten Boden.
Die drei Strophen gehen gedanklich ineinander über - besonders die zweite zur dritten Strophe.
Die 1. Strophe: Nach der 1. Z. könen Sie atmen. Dennoch müssen *Sommer* und *Herbst* unter demselben gedanklichen Bogen stehen. Deshalb muß nach dem Wort *Herbst* unbedingt eine Zäsur eingehalten werden, und es muß den gleichen melodischen Verlauf wie *Sommer* haben. Am Ende der 2. Z. (selbstverständlich bei fallendem Schluß) ist eine gößere Atempause möglich; aber die 3. und 4. Z. schließen gedanklich an (Fortsetzung des fallenden Melos!). Beachten Sie das Enjambement (nicht atmen!), machen Sie nach *gesättiget* eine lange Zäsur.
2. Strophe: Bis *ward* steigt das Melos. Erst bei diesem Wort können Sie (müssen aber nicht) neu einatmen. Bitte beachten Sie: *Leben* und *Orkus* korrespondieren miteinander. Die Worte *das Heilige / das am Herzen mir liegt* sind Umschreibungen für *das Gedicht*, keine Aufzählungen! Halten Sie darum nach *Gedicht* eine kurze Zäsur! Beachten Sie das Enjambement nach der 3. Z. Das Wort *Herzen* wird dadurch hervorgehoben. Die letzten beiden Zeilen haben steigendes Melos.
In der 3. Strophe fällt das Melos jäh ab. Wir haben so etwas wie einen dreifachen Schluß, von denen jeder auf die gleiche Weise mit erhöhtem Ton beginnt (⏶) und danach jedesmal abfällt (⏷): ⏶*Will⏷kómmen dann../* ⏶*Zufrieden ⏷bin ich../* ⏶**einmal** ⏷*Lébt ich...*Es versteht sich, daß, unabhängig von diesem Melosverlauf, das Enjambement berücksichtigt werden muß. Dadurch ergeben sich zusätzliche Hervorhebungen der Zeilenanfänge, was den Sinnbezug beeinflußt (z. B. in der letzten Z.: L*ébt ich wie Götter*).

---

[41] vergl. E. ARNDT, S. 113 ff.

⑤ALFRED MOMBERT: *Ist der Morgen da?*

Ist der Morgen da? Das ewige Licht geht unter.
Es seufzt ein bißchen, es singt ein bißchen,
es sinkt in des Gebirges schwarzen Trichter.
Es weint auch ein bißchen; seine Tränen fließen
in weichen Bächen über Gestein
durch schlafende Blumen
in die Täler der Welt hinunter.

Ist der Morgen da? Ich lieg' an einem See,
der einst nicht war.
Über der Flut schwebt ein großer Vogel,
der blickt mir in das Haupt und in die Seele.
Seltsamer Vogel, wem doch vergleich' ich dich?
Einer war einst wie du.
Er war mir Vater und Sohn.
Er flog, bevor der Morgen kam,
bevor das ewige Licht unterging. -
Seltsamer Vogel, wie heiß' ich dich? -
Doch du verschwimmst meinem Blick,
du schwindest.

Ich hör' ein sanftes Rauschen;
so sanft, so nah - als rauschte ich selber.
Als hätte ich Flügel, und wär ein Vogel,
und schwebte über einem weiten See.
Seltsamer Vogel - wie heiß' ich mich?
Wie heißen meine Flügel?
Wie der See,
über dem ich schwebe?

Einen Flügelschlag will ich tun.
Einen einzigen.

Dieses Gedicht hat keinen Hörerbezug. Das Liebesgedicht des selben Autors (auf S. 20) hat zwar eine Bezugsperson, ein Du, an das es gerichtet ist, aber einen Hörerbezug, also eine Öffentlichkeit, gibt es ebenfalls nicht. Beide Gedichte sind wie im Traum gesprochen. Es fehlt ihnen ein direkter Realitätsbezug. Es gibt nur Traumbilder ohne feste Konturen.

Ich glaube, bei dieser Art Dichtung sollte man keine Deutungen über die Ratio vornehmen. Der Text erschließt sich, wie surrealistische Gemälde auch, nur über die Symbol- und Bildkraft der Vorstellung (*das ewige Licht / ein großer Vogel / ein weiter See*).

Schimmert auch hier, wie in dem vorherigen Gedicht HÖLDERLINs, Todesahnung durch? Oder Todessehnsucht? Ich glaube letzteres.

Beginnen Sie mit der Arbeit am Text erst, wenn Sie Zugang zu ihm gefunden haben. Sprechen Sie ihn immer wieder, und sinnen Sie, wie der Dichter auch, den Traumbildern nach.

Die 1. Strophe beginnt mit einer Frage, die wie eine echte Frage mit steigendem Melos artikuliert werden will. Sie ist an keinen Hörer gerichtet. Sie steht im Raum und signalisiert Erwachen oder doch ein halbes Erwachen. Denn was nun bis ans Ende der 3. Str. folgt, ist halb Traum, halb Bewußtheit. Die Fortsetzung *Das ewige Licht geht unter* ist frei von Trauer oder gar Sentimentalität. Die dreimalige Wiederholung dieser umgangssprachlichen Wendung *ein bißchen* hat fast lächelnden Charakter. Versuchen Sie es, lächeln Sie, während Sie "das Licht untergehen" lassen.

Dieser fast heitere, auf jeden Fall verwunderte Ton liegt über dem ganzen Gedicht. Die Zeilen sind so einfach und klar angelegt, daß Sie sich ihnen nur anzupassen haben, um die rechte Form zu finden (z. B. das Hinunterfließen der Tränen in der 1. Str., das sich auch im Melos ausdrückt). Sie müssen nur den Fragen nachgehen. Während Sie die Worte artikulieren, "hinterfragen" Sie sie. Dem Hörer muß z. B., wenn Sie die 5. Z. in der 3. Str. erreichen (*Seltsamer Vogel - wie heiß' ich mich?*), die Ähnlichkeit dieser Zeile mit der in der 2. Str. bewußt werden (*Seltsamer Vogel, wie heiß' ich dich?*). Der Unterschied zwischen den beiden Zeilen macht zur Gewißheit, was der Hörer vorher nur ahnte: Die Identität von *Vogel, Vater und Sohn*, Variationen des eigenen Ichs.

Und der See? Trennt er das Diesseits vom Jenseits, das Wachsein vom Traum? Sie brauchen - wie der Dichter - keine Antworten zu geben. Sie stellen wie er nur Fragen.

Die vierte und letzte Strophe mag wohl das erste Wort sein, das der Erwachte spricht.

⑥FORMBEZUG

Rhythmus

Das metrische Gefüge eines **Gedichtes** beruht, musikalisch ausgedrückt, auf dem **Takt**. Wie in der Musik die Notenwerte von Taktstrich zu Taktstrich das metrische Maß liefern ($^2/_4$-, ¾Takt usw.), so bestehen die Verstakte aus betonten und unbetonten Silben, die gleichfalls 2er-,3er-Takte u. ähnliche erstellen können. Es ist Ihnen in gewissem Sinne möglich, im Walzertakt zu sprechen. Der Daktylus i s t ein ¾Takt (vergl. S. 65).

Sprechtakte und **Verstakte** sind nicht deckungsgleich. Aber ihre Hebungen decken sich. Wenn Sie, wie im folgenden Beispiel, nach Verstakten sprechen würden,

Sprechtakt: Es | schlug mein | Herz ge-| schwind zu | Pferde

Verstakt:　　x |　 x 　x 　|　 x 　x |　 x 　　x |　 x

würde man Ihnen kaum zuhören können. Man nennt solches Verssprechen skandieren. Auf dem Unterschied von Vers- und Sprechtakt beruht der **Rhythmus**. Er verhindert die mechanische Gleichförmigkeit, die durch skandierendes Lesen erzeugt wird. So erklärt sich, daß Gedichte, die die gleiche metrische Struktur haben, sich dennoch rhythmisch deutlich unterscheiden. Wir werden im folgenden sehen, wie aus einem vorgegebenen 2er- ein 3er-Takt werden kann (z. B. S. 93).

Der Rhythmus wird auch vom Sinnbezug und von der Persönlichkeit des Interpreten bestimmt. Das gilt auch für (gesprochene) **Prosa**. Das Gefühl der Spannung und Entspannung im Hörer wird in höchstem Maße vom Rhythmus erzeugt.

> Man hat versucht, mit Hilfe von "Dirigier-Kurven", **Becking-Kurven**, so benannt nach dem Musikwissenschaftler G. BECKING, die Ausdrucksmerkmale (zu denen auch der Rhythmus gehört) grafisch darzustellen. BECKING meinte, jeder Komponist zähle zu einem der drei Grundtypen (I Mozart-, II Beethoven- und III Bach-Typ) an. Jedem Typ entspreche eine Dirigierkurve (die für jedes seiner Werke gültig sei); z. B. entspräche dem Typ II eine liegende 8. E. SIEVERS übernahm diese Anregung für die **Schallanalyse** von Dichtungen. Danach hat jeder Dichter seine **Personalkurve**[42] - SCHILLER z. B. habe die liegende 8 des BEETHOVEN-Typs. Auch die **Haltungstypen** des Sängers O. RUTZ zog SIEVERS zur Schallanalyse heran. Danach soll der Interpret z. B. Gedichte von SCHILLER rezitieren, indem er die Körperachse auf das nach vorn gestellte Bein verlagere (umgekehrt bei GOETHE). Die Schallanalyse hat zwar die Beachtung unterschiedlicher Ausdruckstypen für die Rezitation wieder ins Gespräch gebracht, aber für die Praxis hat sie keine nennenswerte Bedeutung gewonnen.

Wie Vers- und Sprechtakt nicht übereinstimmen, stimmen auch **Musik und Dichtung** nicht überein, z. B. wenn ein Text durch Musik "untermalt" werden soll. Da die musikalische Phrase meist länger ist als die sprachliche, kommt es zu rhythmischen Verschiebungen. Darum sollte der Sprecher immer etwas später einsetzen als die Musik. Die Verschiebungen lassen sich durch geschickten Einbau von Pausen und kleinen Verzögerungen während des Sprechens ausgleichen. Im übrigen gibt es kaum Texte, die eine musikalische Untermalung benötigen. Solche "Dopplungen" werden meist beiden - Musik und Dichtung - nicht gerecht.

---

[42] nachzulesen in M. WELLER, *Das Sprechlexikon*, S. 198 ff.

⑥**J**OHANN **W**OLFGANG **G**OETHE: **aus** *West-östlicher Divan*

Im Atemholen sind zweierlei Gnaden:
Die Luft einziehen, sich ihrer entladen;
Jenes bedrängt, dieses erfrischt;
So wunderbar ist das Leben gemischt.
Du danke Gott, wenn er dich preßt,
Und dank ihm, wenn er dich wieder entläßt.

Das Gedicht GOETHEs über die **Atmung** atmet selbst. Sprechen Sie das Gedicht mehrmals durch, und lassen Sie sich von der Gleichförmigkeit der 4 Hebungen in jeder Zeile tragen. Alle Zeilen, bis auf die dritte, haben Auftakt. Die Takte haben unterschiedliche Silbenfüllung. Dadurch ergeben sich Verzögerungen (in jedem ersten Takt nach dem Auftakt) und anschließende Beschleunigung des Tempos. Eine Pendelbewegung stellt sich ein. In jeder Zeile schlägt das Pendel hin- und zurück. Es ergibt sich folgende Bewegung:

Im Atemholen ⇗ ⇖ *sind zweierlei Gnaden*

die Luft einziehen ⇗ ⇖ *sich ihrer entladen*

Jede Zeile ist halbiert. Sie atmet. Die stimmliche Gestaltung jeder Zeile geschieht nach dem Muster:

Steigendes Melos / Zäsur / fallendes Melos.

In der Zäsur sollte nicht neu geatmet werden. Sie erleben mit dem Rückschlagen des Pendels ein Abspannen, ein "*Sich-Entladen*".

Die letzten beiden Zeilen unterscheiden sich von den vorangehenden durch kürzere Zäsuren in der Zeilenmitte.

Schreiben Sie das metrische Maß auf, indem sie für jede Silbe ein x setzen. Der Taktstrich steht immer vor dem betonten x. Für die erste Zeile ergibt sich folgendes Bild:

Im | A-tem-| ho-len sind | zwei-er-lei | Gna-den
x | x́ x | x́ x x | x́ x x| x́ x

Sie erkennen deutlich die Diskrepanz zwischen Vers- und Sprechtakten. Die Verzögerung am Anfang der Zeile ergibt sich durch die übergroße Länge des *A* von *Atem*. Wir machen darum (unbewußt) aus dem 2er- einen 3er-Takt: Das *A* bekommt jetzt zwei Schläge. Damit wird die ganze Zeile zu 3er-Takten. Übertragen Sie diese Erfahrung auf die übrigen Zeilen. Lasen Sie sich dabei von ihrem Gefühl für den Sprechrhythmus leiten.

Der **Hörerbezug** ist eindeutig. In den letzten beiden Zeilen wird der Hörer direkt angesprochen.

Interessant ist, daß die Hörer während der Rezitation den Atemrhythmus des Sprechers übernehmen. Das entspricht der am Theater gemachten Erfahrung. Viele Zuschauer haben bei "aufregenden" Szenen den gleichen Blutdruck und die gleiche Atemfrequenz der handelnden Personen auf der Bühne[43]. Dieser "**Nachvollzug**" durch den Hörer kann auch nachteilige Folgen haben. Andauerndes hohes Sprechen auf der Bühne führt zu Unruhe und Räusperzwang im Zuschauerraum. Stimmliche Indisposition des Sprechers hat Husten und mangelnde Aufmerksamkeit beim Hörer zur Folge.

---

[43] siehe ADERHOLD, 1991.

⑥ Auszüge aus

SCHILLERS: *Reiterlied*
(aus *Wallensteins Lager*)

Wohl auf, Kameraden, aufs Pferd, aufs Pferd!
Ins Feld, in die Freiheit gezogen!
Im Felde, da ist der Mann noch was wert,
Da wird das Herz noch gewogen,
Da tritt kein anderer für ihn ein,
Auf sich selber steht er da ganz allein.

GOETHES: *Willkommen und Abschied*

Es schlug mein Herz, geschwind zu Pferde!
Es war getan fast eh gedacht;
Der Abend wiegte schon die Erde,
Und an den Bergen hing die Nacht:
Schon stand im Nebelkleid die Eiche,
Ein aufgetürmter Riese, da,
Wo Finsternis aus dem Gesträuche
Mit hundert schwarzen Augen sah.

GOETHES: *Erlkönig*

Wer reitet so spät durch Nacht und Wind?
Es ist der Vater mit seinem Kind;
Er hat den Knaben wohl in dem Arm,
Er faßt ihn sicher, er hält ihn warm.

BÜRGERS *Lenore*

Und hurre, hurre, hopp, hopp, hopp
Ging's fort in sausendem Galopp,
Daß Roß und Reiter schnoben
Und Kies und Funken stoben

Wir wollen versuchen, den 4 ausgesuchten Texten einen Rhythmus zu unterlegen, der in Tempo und Akzentuierung dem Hufschlag der Pferde entspricht. Diese Texte haben annähernd das gleiche Versmaß und doch unterscheiden sie sich stark rhythmisch - je nach "Gangart" der Pferde. Beachten Sie: Die Gedichte beginnen alle mit Auftakt.Wir wollen das Rhythmusschlagen üben. Während einer öffentlichen Rezitation werden wir natürlich den Rhythmus nicht mitschlagen. SCHILLERs *Reiterlied* aus *Wallensteins Lager* steht im 3er-Takt. Versuchen Sie, mit b e i d e n Händen den 3erTakt zu schlagen (achten Sie auf die Betonung!):

wohl| auf Ka-me-| ra-den aufs | Pferd aufs | Pferd   (x̄) = Leerschlag
  x | x   x   x | x   x   x | x (x̄)   x | x (x̄)   mittleres Tempo

Beachten Sie: Der erste Schlag nach dem Taktstrich ist i m m e r betont (darum habe ich die Betonungszeichen über dem x weggelassen). Im letzten Takt ist der fehlende 3. Schlag der Auftakt der nächsten Zeile! Während Sie den Takt schlagen, (**Metronom**skala etwa 100[44]) setzen Sie auf einem unbetonten Schlag mit dem Sprechen ein (Auftakt!). Übernehmen Sie den Grundrhythmus, ohne den Sinnbezug aufzugeben. Wenn der Sprechrhythmus den Schlägen "nachhinkt", können Sie "ausgleichen", indem Sie Wortakzent und schweren Takt in der nächsten oder übernächsten Zeile wieder zusammenbringen. *Willkommen und Abschied* sowie *Erlkönig* habe ich auf den nächsten Seiten ausführlich behandelt (siehe dort). Hier nur soviel: Wenn Sie den *Erlkönig* als 2er- und nicht wie ich als 3er-Takt behandeln - was möglich wäre -, wird der Rhythmus schleppend (das Pferd lahmt). Als 3er-Takt behandelt, bekommen *spät*, *Nacht* und *Wind* je 2 Schläge, was viel reizvoller ist (**Metronom** *Willkommen*: 126; *Erlk.*: 80). BÜRGERs Ballade hat zweifellos das rasanteste Tempo (**Metronom**: 144). Beide Hände schlagen wieder synchron den Rhythmus; jetzt einen 2er-Takt:

und| hur-re | hur-re | hopp hopp | hopp   sehr schnell
  x | x   x | x   x | x   x | x (x̄)

Sie können die Schläge auch so durchführen, daß Sie die zweite Zählzeit (= der jeweils 2. Schlag pro Takt) verdoppeln.

Üben Sie erst mit einer Hand: kurz kurz |: láng kurz kurz :|

Nehmen Sie dann beide Hände abwechselnd: [R]kurz [L]kurz |: [R]láng [R]kurz [L]kurz :|

Als Notierung: [R]e[L]e |: [R]q [R]e[L]e :| Die Rechte ([R])wird zweimal hintereinander geschlagen.

Es sind die Geister, die heran- und vorbeibrausen. Eindrucksvoll ist die 4. Z, wo durch die Lautfolge *i* und *s* in dem Wort *Kies* und durch das *f* in *Funken* ein "Hör-Bild" entsteht. Übung macht den Meister!

---

[44] Metronomzahlen sind Schläge pro Minute; gezählt wird von Akzent zu Akzent

⑥ GOETHE: *Willkommen und Abschied*

Es schlug mein Herz, geschwind zu Pferde!
Es war getan fast eh gedacht;
Der Abend wiegte schon die Erde,
Und an den Bergen hing die Nacht:
Schon stand im Nebelkleid die Eiche,
Ein aufgetürmter Riese, da,
Wo Finsternis aus dem Gesträuche
Mit hundert schwarzen Augen sah.

Der Mond von einem Wolkenhügel
Sah kläglich aus dem Duft hervor,
Die Winde schwangen leise Flügel,
Umsausten schauerlich mein Ohr;
Die Nacht schuf tausend Ungeheuer;
Doch frisch und fröhlich war mein Mut:
In meinen Adern welches Feuer!
In meinem Herzen welche Glut!

Dich sah ich, und die milde Freude
Floß von dem süßen Blick auf mich;
Ganz war mein Herz an deiner Seite
Und jeder Atemzug für dich.
Ein rosenfarbnes Frühlingswetter
Umgab das liebliche Gesicht,
Und Zärtlichkeit für mich - ihr Götter!
Ich hofft es, ich verdient es nicht!

Doch ach, schon mit der Morgensonne
Verengt der Abschied mir das Herz:
In deinen Küssen welche Wonne!
In deinem Auge welcher Schmerz!
Ich ging, du standst und sahst zur Erden,
Und sahst mir nach mit nassem Blick:
Und doch, welch Glück, geliebt zu werden!
Und lieben, Götter, welch ein Glück!

Wir haben auf der Seite 87 das nebenstehende Gedicht im 2er-Takt wiedergegeben und gleichzeitig festgestellt, daß es sich kaum so sprechen läßt. Wir wollen versuchen, den für dieses "Reiter"gedicht typischen Sprechrhythmus zu finden.

Es gehört Geschicklichkeit und sehr viel Übung dazu - Sie müssen das Taktschlagen der Hände gleichsam ohne bewußte "Aufsicht" des Gehirns machen. Gleichzeitig sind diese Übungen ein Training der vernachlässigten (bei den meisten Menschen rechten) Gehirnhälfte.

Geben Sie zuerst jedem Takt (nach dem Auftakt) 3 Schläge:

Es | schlug mein | Herz   ge-| schwind zu | Pferde
  x | x (x)   x | x (x)   x | x   (x)   x | x x

Wir geben jeder ersten Zählzeit eines Taktes 2 Schläge. Dadurch erhalten wir den 3er-Takt. Üben Sie nun nach folgendem Schlagschema:

|: ᴿx ᴸx ᴿx :| immer wieder mit der rechten (ᴿ) Hand beginnen!Allmählich schneller werden.

Versuchen Sie, diesen Rhythmus in den Körper zu bekommen, so daß Sie über die Tätigkeit der beiden Hände nicht nachzudenken brauchen. Lernen Sie das Gedicht auswendig. Sprechen Sie nun auf dem von den Händen vorgegebenen Rhythmus, indem Sie irgendwo bei einem betonten Schlag mit einer Textbetonung (*schlug / Mond / sah* usw.)einsetzen. Geben Sie sich völlig dem Rythmus Ihres Körpers hin, und sprechen Sie g l e i c h z e i t i g den Sinn des Textes. Skandieren Sie nicht! Sie sind in der Vers- und Zeilengestaltung vollkommen frei. Sie müssen nur die Sinnbetonungen mit den schweren Takten übereinstimmen lassen. Auch für die Pausen bleibt dieser Rhythmus erhalten.

Ich möchte auf ein Phänomen eingehen, das **Eutonie**[45] genannt wird. Es beruht auf der harmonischen Übereinstimmung körperlichen Ausdrucks und psycho-physischer Funktionen. Die Eutonie bettet das handelnde Individuum gleichsam in die Umwelt ein, auf die es einzuwirken versucht. Sie stimmt die Muskel- und Nervenspannungen auf die geforderte Leistung und auf die "Antwortreaktion" der Umwelt ab. Das Ergebnis ist der Eindruck der Leichtigkeit und Anmut, mit der eine Handlung ausgeführt wird. GLASER sagt: "Eutonie ist das Verhaltensmuster des menschlichen Wohlbefindens."

Dieses eutonische Wohlbefinden ist der Gradmesser für Ihre Textwiedergabe: Sie müssen z. B. nicht mehr darüber nachdenken, daß die 3. Str. zwar den gleichen Takt wie die anderen Strophen hat, daß aber ihr Rhythmus als langsamer empfunden wird - sie machen das "unbewußt" richtig. Nehmen Sie sich die Zeit zu Atmungseinschnitten, da, wo Sie es für richtig halten, nicht etwa unter dem Zwang des Taktes. Halten Sie auch in der Mitte fast jeder Zeile (z. B. nach *Herz* in der 1. Z. der 1. Str.) eine Zäsur. Sie werden das alles berücksichtigen , ohne nachzudenken. Und dann spüren Sie unter dem Rhythmus und hinter Ihren eigenen Worten den Doppelsinn des Gedichtes: Willkommen u n d Abschied, Dur und Moll, Verzükkung und Trauer.

---

[45] vergl. V. GLASER, *Eutonie*

⑥ GOETHE: *Erlkönig*

Wer reitet so spät durch Nacht und Wind?
Es ist der Vater mit seinem Kind;
Er hat den Knaben wohl in dem Arm,
Er faßt ihn sicher, er hält ihn warm.

"Mein Sohn, was birgst du so bang dein Gesicht?"
"Siehst, Vater, du den Erlkönig nicht?
Den Erlenkönig mit Kron und Schweif?"
"Mein Sohn, es ist ein Nebelstreif."

"Du liebes Kind, komm, geh mit mir!
Gar schöne Spiele spiel ich mit dir;
Manch bunte Blumen sind an dem Strand;
Meine Mutter hat manch gülden Gewand."

"Mein Vater, mein Vater, und hörest du nicht,
Was Erlenkönig mir leise verspricht?"
"Sei ruhig, bleibe ruhig, mein Kind;
In dürren Blättern säuselt der Wind."

"Willst, feiner Knabe, du mit mir gehn?
Meine Töchter sollen dich warten schön;
Meine Töchter führen den nächtlichen Reihn
Und wiegen und tanzen und singen dich ein."

"Mein Vater, mein Vater, und siehst du nicht dort
Erlkönigs Töchter am düstern Ort?"
"Mein Sohn, mein Sohn, ich seh es genau:
Es scheinen die alten Weiden so grau."

"Ich liebe dich, mich reizt deine schöne Gestalt;
Und bist du nicht willig, so brauch ich Gewalt."
"Mein Vater, mein Vater, jetzt faßt er mich an!
Erlkönig hat mir ein Leids getan!"

Dem Vater grauset's, er reitet geschwind,
Er hält in den Armen das ächzende Kind,
Erreicht den Hof mit Mühe und Not;
In seinen Armen das Kind war tot.

Wir haben uns im Rhythmusvergleich auf S. 91 in der Besprechung des *Erlkönig*s auf den Versfuß des Daktylus (s. S. 65) geeinigt, der etwa dem ¾Takt in der Musik entspricht. Jeder Takt bekommt

Wer rei-tet so spät durch Nacht und Wind
x | x   x   x|x (x)   x |x (x)   x |x (x)

mithin 3 Schläge. Die Betonung liegt auf der 1. Zählzeit (aus der Musik übernommen = 1.Schlag nach dem Taktstrich). Das Schlagsystem ist einfach, jedenfalls einfacher als das von *Willkommen und Abschied*. Also: Nach dem Auftakt ist der erste Schlag immer betont. Manche 2. Zählzeit wird mit der 1. zusammen unter e i n e Silbe gelegt [notiert als (x)]. Der dritte, nicht notierte Schlag am Ende der Zeile wird auf der nächsten Zeile wieder zum Auftakt. Für jeden dritten Schlag sollten Sie die linke Hand nehmen.   ᴸx |: ᴿx ᴿx ᴸx :|
Sie schlagen also immer mit der Linken einen und mit der Rechten zwei Schläge. Auch hier gilt: Den Vorrang hat die Sinnbetonung! Der Schlagrhythmus wird nur unterlegt. Ihre Hände dürfen sich nicht "beirren lassen", wenn musikalische und metrische Betonung auseinandergehen. Sie gleichen das durch kurze Sprechpausen aus. Der Schlagrhythmus bleibt sich gleich, auch bei den wörtlichen Reden, egal, wer spricht. Nur das Tempo hat sich hier und da anzupassen.

> Darin liegt der eigentliche Sinn dieser Übungen: Sie zwingen sich auf diese Weise zu einer Geschlossenheit des Vortrags, die Sie anders kaum erreichen. Zugleich ist der Rhythmus ein starkes Ausdrucksmittel. In *Willkommen und Abschied* verführt die 3. Strophe zum "Ausmalen" der lyrischen Beschreibungen - übrigens verführt sie auch inhaltlich zum "Verweilen" -, das Tempo wird also eine Idee herabgesetzt (bei gleichem Rhythmus!), ohne daß das Gedicht aus dem Grundrhythmus fällt.

Ich habe, was das Pferd im *Erlkönig* betrifft, die Vorstellung von einem "schweren" Zugtier - keineswegs von einem schlanken Reitpferd wie in *Willkommen und Abschied*. Dennoch ist auch im *Erlkönig* der Reiter bestrebt, schnell vorwärts zu kommen, was aber offensichtlich schwerer ist als in dem Liebesgedicht.
Betrachten Sie, wie der Dichter in den folgenden Zeilen den 3er-Takt bewußt für den Elfenreigen genutzt hat. Die 3silbigen Taktfüllungen herrschen vor.
> *Mei-ne | Töch-ter | füh-ren den | nächt-li-chen | Reihn*
> *Und | wie-gen und | tan-zen und | sin-gen dich | ein."*
So wird mit Hilfe desselben Metrums auch der Tanz nachgeahmt. Diesen Tanzrhythmus übernimmt auch das Kind in der ersten Zeile der 6. Strophe. Vergleichen Sie diese Zeile mit den beruhigenden Worten des Vaters (3. u. 4. Z.).
Auch in dieser Ballade dürfen Sie die unterschiedlichen Stimmen (Vater/Sohn/Elfenkönig) nur andeuten, so groß die Verführung auch sein mag.
Die letzte Strophe knüpft stimmlich und im Tempo wieder an die 1. Str. an.

⑥ JOHANN WOLFGANG GOETHE: *Der Gott und die Bajadere*

Indische Legende

Strophen 1-3

1   Mahadöh, der Herr der Erde,
      Kommt herab zum sechsten Mal,
      Daß er unsersgleichen werde,
      Mitzufühlen Freud und Qual.
      Er bequemt sich, hier zu wohnen,
      Läßt sich alles selbst geschehn.
      Soll er strafen oder schonen,
      Muß er Menschen menschlich sehn.
Und hat er die Stadt sich als Wandrer betrachtet,
Die Großen belauert, auf Kleine geachtet,
Verläßt er sie abends, um weiterzugehn.

2   Als er nun hinausgegangen,
      Wo die letzten Häuser sind,
      Sieht er, mit gemalten Wangen,
      Ein verlornes schönes Kind.
      "Grüß dich, Jungfrau!" - "Dank der Ehre!
      Wart, ich komme gleich hinaus."
      "Und wer bist du?" - "Bajadere,
      Und dies ist der Liebe Haus."
Sie rührt sich, die Cymbeln zum Tanze zu schlagen;
Sie weiß sich so lieblich im Kreise zu tragen,
Sie neigt sich und biegt sich und reicht ihm den Strauß.

3   Schmeichelnd zieht sie ihn zur Schwelle,
      Lebhaft ihn ins Haus hinein.
      "Schöner Fremdling, lampenhelle
      Soll sogleich die Hütte sein.
      Bist du müd, ich will dich laben,
      Lindern deiner Füße Schmerz.
      Was du willst, das sollst du haben,
      Ruhe, Freuden oder Scherz."
Sie lindert geschäftig geheuchelte Leiden.
Der Göttliche lächelt; er siehet mit Freuden
Durch tiefes Verderben ein menschliches Herz.

Mit dieser Ballade hat sich GOETHE eine Menge Ärger in der kleinbürgerlichen Gesellschaft Weimars aufgehalst. Aber auch heute steht dem Werk noch oft eine (verlogene) Prüderie gegenüber. Kaum zu glauben! Reizvoll ist die Form, die GOETHE wählte und die er über neun Strophen beibehielt. Auf diese Weise brachte er Personen, Handlungen und Bilder in eine Fassung und vermochte Gegensätzliches, kaum Überbrückbares mit Hilfe der gleichen Mittel auszudrücken. Jede Strophe besteht aus zwei Rhythmusgruppen:

Gruppe A   8 vierfüßige Zeilen ohne Auftakt;
Gruppe B   3 ebenfalls vierfüßige Zeilen mit Auftakt.

Beide Gruppen sind, durch **Endreim** miteinander verbunden. Dadurch ergeben sich auch Übereinstimmungen der **Kadenzen**: Die jeweils letzten Zeilen von A und B sind männliche Kadenzen, denen stets eine weibliche Kadenz vorausgeht. Abgesehen von den Finessen, mit denen der Autor A und B aneinander bindet, so war er doch bedacht, die Unterschiede der beiden Gruppen deutlich zu machen. Sie unterscheiden sich wie Tag und Nacht. Zwar stehen sie beide, wie wir herausgefunden haben, auf vier Füßen, aber die Füße in A s c h r e i t e n , während die in B t a n z e n . Schon am Schriftbild können Sie ablesen, daß die Zeilen von B länger sind als die von A. Das liegt an der unterschiedlichen Zeilenfüllung.

A: *Ma-ha-/döh, der /Herr der /Erde*
B: *Und / hat er die / Stadt sich als / Wand-rer be-/ trach-tet*

Dies ist fast mit dem Unterschied zwischen $^2/_4$- und $^3/_4$Takt in der Musik vergleichbar!

GOETHE hat das Gedicht selbst unter die Balladen[46] eingeordnet. Die vorliegende besitzt lyrische, dramatische und epische Elemente, ist also keineswegs wie die Balladen des 19. Jahrhunderts vorwiegend Dichtung, die einer dramatischen Handlung verpflichtet ist. Das Tänzerisch-Bewegte spielt in dieser Ballade die größte Rolle.

Machen Sie sich zuerst mit dem Rhythmus vertraut: **A** in ruhigen, gleichmäßigen Schlägen im 2er-Takt, würdevoll ein wenig beängstigend für unser Ohr wie das Wort *Mahadöh*; **B** im lebhafteren, tänzelnden 3er-Takt mit Auftakt. Suchen Sie sich einen Schlagtakt, der diesen tänzelnden Charakter wiedergibt. Auffällig ist die geringe Zahl von Enjambements (zunächst nur in der 3.Strophe). Die Übereinstimmung von Sinnschritt und Zeilenabschluß wird noch betont durch den **Endreim**. Dadurch wird ein nahezu gleichförmiger Erzählfluß in A erreicht, der durch keine Synkopierungen unterbrochen wird. Die Gefahr des mit Recht gefürchteten langweiligen "Gedichtaufsagens" ist groß. Verse mit Endreim betonen a priori die Gestalt des Gedichtes. Darum ist das Zeilenende nicht unbedingt durch Zäsuren oder Pausen hervorzuheben. Betrachten Sie unter diesem Aspekt den Dialog in der 2. und die wörtliche Rede in der 3. Strophe.

⇨

---

[46] das Wort kommt aus dem Italienischen und heißt soviel wie "Tanzlied"

⑥ GOETHE: *Der Gott und die Bajadere*

Strophen 4-6

4   Und er fordert Sklavendienste;
       Immer heitrer wird sie nur,
       Und des Mädchens frühe Künste
       Werden nach und nach Natur.
       Und so stellet auf die Blüte
       Bald und bald die Frucht sich ein;
       Ist Gehorsam im Gemüte,
       Wird nicht fern die Liebe sein.
Aber sie schärfer und schärfer zu prüfen,
Wählet der Kenner der Höhen und Tiefen
Lust und Entsetzen und grimmige Pein.

5   Und er küßt die bunten Wangen,
       Und sie fühlt der Liebe Qual,
       Und das Mädchen steht gefangen,
       Und sie weint zum erstenmal;
       Sinkt zu seinen Füßen nieder,
       Nicht um Wollust noch Gewinst,
       Ach! und die gelenken Glieder,
       Sie versagen allen Dienst.
Und so zu des Lagers vergnüglicher Feier
Bereiten den dunklen, behaglichen Schleier
Die nächtlichen Stunden, das schöne Gespinst.

6   Spät entschlummert unter Scherzen,
       Früh erwacht nach kurzer Rast,
       Findet sie an ihrem Herzen
       Tot den vielgeliebten Gast.
       Schreiend stürzt sie auf ihn nieder;
       Aber nicht erweckt sie ihn,
       Und man trägt die starren Glieder
       Bald zur Flammengrube hin.
Sie höret die Priester, die Totengesänge,
Sie raset und rennet und teilet die Menge.
"Wer bist du? was drängt zu der Grube dich hin?"

Sie brauchen den Dialog nur durch stimmliche Farbunterschiede auszudrücken, ohne sich weiter um das Zeilenende zu kümmern. Das Reimpaar (in Strophe 3) *Schwelle / lampenhelle* ist stark genug.

Ein solches Gedicht verlangt hohe Disziplin vom Sprecher. Sie müssen fortwährend abwägen, wo betone ich die Form und lasse mich also von ihr tragen, und wo zwinge ich sie unter die Logik des Gedankens[47].

GOETHE benutzt sehr gern das Formelement der **Alliteration**. Sie begegnen ihr in dieser Ballade fast überall: *Mitzufühlen* **F**reud und **Qu**al[48], *bequemt* und *wohnen*; dann: *strafen / schonen*; oder eine Zeile wie: *Muß er Menschen menschlich sehn.* Hier sollte der Sprecher sich dieser Lautübereinstimmung bewußt sein - mehr ist nicht nötig, und eine besondere Hervorhebung nicht erforderlich. Die Alliteration hat etwas Beschwörendes - wahrscheinlich leitet sie sich aus altgermanischen Beschwörungsformeln ab - sie ist ans Sprechen gebunden, sie fördert den Sprechfluß, sie malt, und sie stellt die Begriffe in einen sprachlichen Zusammenhang, der ihnen einen neuen, oft irrationalen Sinn abgewinnt.

Beachten Sie die Verwendung des **Polysyndetons** (besonders in der 4. und in der 5. Str.), hier mit der Konjunktion *und*. Der Dichter erreicht damit eine dynamische Steigerung. Sie werden durch die *und*-Verbindung gezwungen, nicht nachzulassen, so wie der Gott nicht nachläßt, das Mädchen zu bedrängen.

Obgleich wir erst im 7. Kapitel auf den Einfluß der **Laute** auf die Aussage, vor allem der Vokale, zu sprechen kommen, möchte ich Sie schon hier auf diese Besonderheit der Dichtung hinweisen. Untersuchen Sie die Häufigkeit gleicher Vokale in den Strophen und Verszeilen. In den Strophen 1-3 scheinen mir die "hellen" Vokale e und i vorzuherrschen. Da Sie diese sogen. Vorderzungenvokale mit geringem Kieferöffnungswinkel und leichtem Lippenbreitzug sprechen, ergibt sich ein besonderer Resonanzcharakter, der der Kopfresonanz[49]. *Mahadöh*, der Name des Gottes, leitet das Gedicht zwar mit der dem Vokal o entsprechenden Brustresonanz ein, dann aber überwiegen die hellen Vokale. Versuchen Sie, Ihre Artikulation dem anzupassen.

Ab 4. Strophe ändert sich der Vokalcharakter. Die Umlaute ü / ö / ä treten in den Vordergrund, vor allem im B-Teil der 4. Strophe. Auf diese Weise verbindet sich Lippenrundung (o /u -Charakter) mit Vorderzungenstellung (e / i). Diese Mischvokale mit der entsprechenden "Registermischung" beherrschen diese Strophe.

Für die 5. Strophe scheint mir der Wechsel zwischen beiden Vokalarten (Lippenbreitzug und -rundung) typisch zu sein. Untersuchen Sie, welchen Einfluß das auf die Aussage hat.

---

[47] vergl. S. 107: rationaler und emotionaler Bezug
[48] qu wird wie k+w gesprochen
[49] s. S. 107

⑥ GOETHE: *Der Gott und die Bajadere*

Strophen 7-9

7 Bei der Bahre stürzt sie nieder,
  Ihr Geschrei durchdringt die Luft:
  "Meinen Gatten will ich wieder!
  Und ich such ihn in der Gruft.
  Soll zu Asche mir zerfallen
  Dieser Glieder Götterpracht?
  Mein! er war es, mein vor allen!
  Ach, nur e i n e süße Nacht!"
Es singen die Priester: "Wir tragen die Alten,
Nach langem Ermatten und spätem Erkalten,
Wir tragen die Jugend, noch eh sie's gedacht.

8 Höre deiner Priester Lehre:
  Dieser war dein Gatte nicht.
  Lebst du doch als Bajadere,
  Und so hast du keine Pflicht.
  Nur dem Körper folgt der Schatten
  In das stille Totenreich;
  Nur die Gattin folgt dem Gatten:
  Das ist Pflicht und Ruhm zugleich.
Ertöne, Drommete, zu heiliger Klage!
O nehmet, ihr Götter! die Zierde der Tage,
O nehmet den Jüngling in Flammen zu euch!"

9 So das Chor, das ohn Erbarmen
  Mehret ihres Herzens Not;
  Und mit ausgestreckten Armen
  Springt sie in den heißen Tod.
  Doch der Götterjüngling hebet
  Aus der Flamme sich empor,
  Und in seinen Armen schwebet
  Die Geliebte mit hervor.
Es freut sich die Gottheit der reuigen Sünder;
Unsterbliche heben verlorene Kinder
Mit feurigen Armen zum Himmel empor.

Und dann der B-Teil der 4. Strophe! Dieses Hin-und-her-Gleiten zwischen Diphthongen (*Feier* / *bereiten* / *Schleier*) und den Vokalen a / ä / u / ü / ö! Sprechen Sie diese Laute einmal für sich, ohne Worthülle, also auch ohne Bedeutung. Spüren Sie den artikulatorischen Aufwand? Nun singen Sie diese Vokale, und zwar in mittlerer Lage auf einem Ton und einem Atem. Strecken Sie dabei beide Arme aus und schlagen Sie mit den Handflächen (gegen die Luft) den 3er-Takt auf jedem Vokal. Der Ton, den Sie singen, wird dadurch aufgeschaukelt. Es ensteht ein starkes Vibrato. Machen Sie das gleiche mit den Vokalen i / e / ä / e / i. Der Unterschied zwischen der einen und der anderen Vokalreihe und ihrer jeweiligen "Stimmung", die Sie erzeugen, ist erstaunlich. Etwas von dieser Stimmung sollten Sie auf jene Strophen übertragen.

Wenn Sie die Ballade auf die geschilderte Weise durchgearbeitet haben, lenken Sie die Aufmerksamkeit noch einmal auf den Rhythmus, zuerst der B-Teile. Was ist aus der tänzelnden, spielerischen Form des Anfangs hier in der 6. bis 9. Strophe geworden? Wohl gemerkt, die Versform hat sich nicht verändert! Interessant ist aber auch, daß ab 7. Str. ebenfalls eine Veränderung des A-Teils stattgefunden hat. Statt eines feierlichen Schreitens, jetzt heftige, rasende Bewegungen - ohne daß auch hier die Versform verändert wurde!

Der 3er-Takt des B-Teils ist nun zum feierlich-erhabenen Schrittanz geworden. Die Priester singen in einer Art Wechselgesang (in wörtlicher Rede verfaßt) über die Teile A-B-A der 7. und 8. Strophe: Ritueller Schrittanz (7B), dann belehrende Predigt (8A) und schließlich wieder das Ritual in schreitendem Rundtanz (8B).

Untersuchen Sie, welche Rolle dabei der Vokalklang spielt. Beachten Sie auch die Vokallängen (z. B. in 8B).

Schließlich die 9. Strophe! Hier findet ein Wechsel von o (*Chor, Not* und *Tod*) zu i und e statt, dem sich auch das Wort *Götterjüngling* anpaßt. Besonders deutlich wird in dieser Strophe der Einfluß der Vokalresonanz auf die Sinngebung.

Die Ballade endet in Kopfresonanz (auch im B-Teil). Aus eben noch dunklem Brust-, wenn nicht gar Bauchregister ins helle Dur des Kopfregisters!

⑥ERNST STADLER: *Fahrt über die Kölner Rheinbrücke bei Nacht*

Der Schnellzug tastet sich und stößt die Dunkelheit entlang.
Kein Stern will vor. Die ganze Welt ist nur ein enger, nachtumschienter Minen-
      gang,
Darein zuweilen Förderstellen blauen Lichtes jähe Horizonte reißen: Feuerkreis
Von Kugellampen, Dächern, Schloten, dampfend, strömend...nur sekunden-
      weis...
Und wieder alles schwarz. Als führen wir ins Eingeweid der Nacht zur Schicht.
Nun taumeln Lichter her...verirrt, trostlos vereinsamt...mehr...und sammeln sich
      ...und werden dicht.
Gerippe grauer Häuserfronten liegen bloß, im Zwielicht bleichend, tot - etwas
      muß kommen...o, ich fühl es schwer
Im Hirn. Eine Beklemmung singt im Blut. Dann dröhnt der Boden plötzlich wie
      ein Meer:
Wir fliegen, aufgehoben, königlich durch nachtentrißne Luft, hoch übern
      Strom. O Biegung der Millionen Lichter, stumme Wacht,
Vor deren blitzender Parade schwer die Wasser abwärts rollen. Endloses Spa-
      lier, zum Gruß gestellt bei Nacht!
Wie Fackeln stürmend! Freudiges! Salut von Schiffen über blauer See! Bestirn-
      tes Fest!
Wimmelnd, mit hellen Augen hingedrängt! Bis wo die Stadt mit letzten Häu-
      sern ihren Gast entläßt.
Und dann die langen Einsamkeiten. Nackte Ufer. Stille. Nacht. Besinnung. Ein-
      kehr. Kommunion. Und Glut und Drang
Zum Letzten, Segnenden. Zum Zeugungsfest. Zur Wollust. Zum Gebet. Zum
      Meer. Zum Untergang.

Wir haben diesen Autor schon mit dem Gedicht *Abendschluß* kennengelernt[50].
Beide Gedichte bestehen aus den für STADLER typischen **Langzeilen mit End-
reim**. Aber es gibt einen großen und auffälligen Unterschied zwischen den Gedichten.
Versuchen Sie, in *Abendschluß* ein Metrum festzulegen, etwa Taktmerkmale (z. B.
Versfüße) herauszuarbeiten. Es wird Ihnen nicht gelingen. Takt und Rhythmus sind
so unregelmäßig, daß Sie sich auf kein Metrum festlegen können.
Anders ist das in diesem "Schnellzug"gedicht. Die Zeilen haben zwar auch hier
unterschiedliche Längen (zwischen 7 und 16 Takten), jedoch läßt sich bei jeder
Zeile das gleiche metrische Schema verfolgen: Auftakt und zweisilbige Taktfül-
lung; also **jambisches Versmaß**. Es gibt nur eine Ausnahme: *Wimmelnd, mit
hellen Augen hingedrängt!* (3. Z. von unten).
Anders als in *Abendschluß* kam es dem Dichter hier auf die Wiedergabe eines
bestimmten Rhythmus an. Er wählte dafür den 2er-Takt. Diesem Takt sind wir
schon mehrfach begegnet. Er läßt sich für sehr unterschiedliche Rhythmen
verwenden. In *Fahrt über die Kölner Rheinbrücke bei Nacht* steht er für den
Rhythmus eines fahrenden Schnellzuges.
Schlagen Sie die Takte wieder auf der Tischplatte, mit der Linken die unbetonte,
mit der Rechten die betonte Silbe. Sie werden herausfinden, das Tempo ist zu
langsam. Auf diese Weise läßt sich das für den Zug typische Geräusch mit seinem
gleichmäßig wiederkehrenden Hauptakzent (Schienennahtstelle) und den ebenfalls
regelmäßigen anderen Schlägen nicht wiedergeben. Machen Sie aus den 2er-
Takten solche aus 4, vielleicht sogar aus 8 Schlägen. Beachten Sie: Egal, welchen
Takt Sie wählen, die Takteinheit beginnt immer mit dem Hauptakzent; etwa nach
folgendem Schlagschema:

da | **ra** ta ta da | **ra** ta ta da | **ra** ta ta da | **ra** ta ta da |

in meinem Schema schlagen Sie die Silbe *da* mit der linken, die übrigen Silben mit
der rechten Hand. Welches Schema Sie auch wählen, legen Sie es dem Sprechrhythmus jeder Zeile zugrunde. Üben Sie wieder so lange, bis Sie sich nicht mehr
während des Sprechens auf die Hände konzentrieren müssen, sondern sich ausschließlich dem Sinnbezug und dem Ausdruck zuwenden können. Sie können bei
gleichbleibenden Taktschlägen das Tempo verlangsamen oder beschleunigen.
Die vorletzte Zeile mit der Aneinanderreihung kurzer Impressionen erhält erst
durch den Rhythmus den lebendigen Ausdruck. In der letzten Zeile wird das Tempo beschleunigt, während gleichzeitig das Melos leicht steigt. Der Schluß des Gedichtes bleibt in der Schwebe.
Wenn es Ihnen gelingt, den Rhythmus auch ohne Unterstützung der Hände zu
halten, geben Sie das Taktschlagen selbstverständlich auf.

---

[50] s. S. 60 ff.

⑥ALFRED LICHTENSTEIN: *Die Dämmerung*

Ein dicker Junge spielt mit einem Teich.
Der Wind hat sich in einem Baum gefangen.
Der Himmel sieht verbummelt aus und bleich,
Als wäre ihm die Schminke ausgegangen.

Auf lange Krücken schief herabgebückt
Und schwatzend kriechen auf dem Feld zwei Lahme.
Ein blonder Dichter wird vielleicht verrückt.
Ein Pferdchen stolpert über eine Dame.

An einem Fenster klebt ein fetter Mann.
Ein Jüngling will ein weiches Weib besuchen.
Ein grauer Clown zieht sich die Stiefel an.
Ein Kinderwagen schreit und Hunde fluchen.

ALFRED LICHTENSTEIN gehört zu den Expressionisten. Er fiel im ersten Weltkrieg, 1913, vierundzwanzigjährig.
Ich habe das Gedicht *Dämmerung* ausgewählt wegen der grotesken, Sie könnten auch sagen surrealistischen Züge. Es werden Bilder nebeneinander gestellt, die auf den ersten Blick keine Beziehung zueinander haben.

Die Form wird streng eingehalten: fünffüßiger Jambus mit wechselnder männlicher und weiblicher Kadenz[51] ; Endreim nach dem Schema a-b-a-b; kein Zeilenbruch. Abschluß eines Gedankens und Zeilenende fallen also immer zusammen.
Die Rezitation eines solchen Textes sollte den Eindruck des beziehungslosen Nebeneinander von Bildern und Aussagen weder mildern noch verstärken. Die Wiedergabe des Textes muß so sachlich wie möglich wirken; so, als sei der Sprecher emotional unbeteiligt. Darin liegt m. E. die Schwierigkeit der Interpretation - in der "gespielten" Sachlichkeit. Sie wird nur vorgetäuscht, "gespielt"; denn in Wahrheit ist das Engagement des Dichters (wie des Interpreten) sehr stark. Der sachliche Ton ist eine Art Selbstschutz. Dahinter verbirgt sich die Angst, "Gefühle zu zeigen". Das macht LICHTENSTEIN zum Gegenwartsautoren.
Durch den stets auf **fallenden Schluß** zielenden Ton, hat der Vortrag etwas Lakonisches, Fatalistisches. Ein tristes Bild steht neben dem anderen. Aber nach jedem Gedanken, also nach jeder Zeile, sollte der Sprecher lange Pausen halten. Durch die Pausen wird eine Spannung erzeugt, die im Gegensatz zu jenem Lakonismus steht. Auf diese Weise wird der Hörer aufgefordert, über die Bilder nachzudenken - ohne daß der Sprecher Wertungen gibt (*Ein blonder Dichter wird vielleicht verrückt*) oder durch Hervorhebungen das Groteske übertreibt (*Ein Pferdchen stolpert über eine Dame*).
Diese Dichtung vermittelt einen eigenwilligen Rhythmus: Jede Zeile verläuft wie e i n Takt - trotz des fünffüßigen Metrums. Die Pausen nach jeder Zeile sind oft doppelt so lang, wie die Sprechzeit der vorangegangenen oder nachfolgenden Zeile beträgt.
Jede Strophe besteht also aus 4 Bögen, die stets auf der gleichen Tonhöhe beginnen und auch wieder auf gleichem Niveau enden.

---

[51] s. S. 65

⑦FORMBEZUG

Lautfarbe

Auch die Laute, **Vokale** und **Konsonanten** - die Grundelemente der Sprache -, können uns Hinweise auf die sprecherische Gestaltung und damit auf die Aussage geben. So nutzt die Alliteration den Gleichklang vor allem der Konsonanten und stellt überraschende Zusammenhänge zwischen Wörtern und ihrer Bedeutung her. Die Vokale und von den Konsonanten vor allem die Nasallaute bestimmen den melodischen Verlauf der Aussage sowie die Farbgebung, die "Tönung", des stimmlichen Ausdrucks. Die Vokale und in begrenztem Umfang auch die stimmhaften Konsonaten sind das sinnliche Element der Sprache. Mit dieser Behauptung wagen wir uns in den Bereich des vorwiegend subjektiven **emotionalen Ausdrucks**. Nicht der Verstand allein, auch die Sinne und die Gefühle des Hörers werden durch die Dichtung angesprochen. Ausdrücke wie "weich / hart / zart / massiv / hell / dunkel / traurig / fröhlich", aber auch "gefällig / glatt / rauh / leicht / schwer" u. dgl. mehr versuchen, die sinnlichen Eindrücke, die der Hörer zu haben glaubt, wiederzugeben. Wir unterscheiden bekanntlich dunkle Vokale (o, u), helle Vokale (e, i), den zwischen beiden Gruppen liegenden Vokal a und die Mischvokale (ö, ü, ä)[52]. Diese unterschiedlichen Klangfarben der Vokale (beachte schon in dem Wort *Klang"Farbe"* die Vermischung von Akustischem mit Optischem!) entstehen durch unterschiedliche Ausformung unserer Resonanzhöhlen. Da hieran Zunge und Lippen maßgeblich beteiligt sind, spricht man auch von Vorderzungenvokalen (e, i, ö, ü, ä) und Hinterzungenvokalen (o, u); a liegt mit dem größten Kieferöffnungswinkel wieder in der Mitte. Den hellen Klangcharakter erreichen wir also durch die Vorderzungentätigkeit, den dunklen durch die Hinterzungenwölbung, usw. Schon hier wird deutlich, daß durch die Artikulation des Sprechers unterschiedliche akustische Eindrücke im Hörer erzeugt werden, die dieser wiederum bestimmten Sinneswahrnehmungen zuordnet. Auf dieser **synästhetischen Erscheinung**[53] beruhen zum nicht geringen Teil die Wirkungen des Sprechklanges. Der Autor liefert "das Material" in Form des Schriftbildes, der Sprecher setzt es um in "Schallform", und der Hörer verwandelt diese in Gedanken, Bilder, Bewegungsvorstellungen, Gefühle, kurz: in eine vom Sprecher hervorgezauberte und vom Hörer ausgeschmückte und auf ihn selbst zugeschnittene Phantasmagorie.

Die Lautung spielt also für die "Tönung" des stimmlichen Ausdrucks eine entscheidende Rolle. Ob Ihre Rezitation beim Hörer (und Zuschauer) "ankommt", hängt in erster Linie von Ihrer Glaubhaftigkeit ab. Wenn Wollen und Können übereinstimmen, erfüllt sich ein **eutonisches Grundgesetz**[54], das der Harmonie zwischen Körper und Geist, und der Hörer "stimmt mit dem Sprecher überein". Fehlt jene Harmonie, "verstimmt" der Hörer. Aus Zustimmung wird Ablehnung. Denn nichts ist tötlicher für einen Vortrag, als der Versuch des Vortragenden, etwas zu gestalten, dem er geistig oder handwerklich nicht gewachsen ist.

---

[52] Einzelheiten können Sie in meinem Buch *Sprecherziehung des Schauspielers*, S.158 ff. nachlesen
[53] siehe "Erläuterungen"
[54] vergl. S. 93

⑦**JOHANN WOLFGANG GOETHE:**

Wanderers Nachtlied (I)

Der du von dem Himmel bist,
Alles Leid und Schmerzen stillest,
Den, der doppelt elend ist,
Doppelt mit Erquickung füllest,
Ach, ich bin des Treibens müde!
Was soll all der Schmerz und Lust?
Süßer Friede,
Komm, ach komm in meine Brust!

Wanderers Nachtlied (II)

Über allen Gipfeln
Ist Ruh,
In allen Wipfeln
Spürest du
Kaum einen Hauch;
Die Vögelein schweigen im Walde.
Warte nur, balde
Ruhest du auch.

Der polnische Regisseur und Schauspielpädagoge J. GROTOWSKI empfiehlt dem Schauspieler **Körperresonanzübungen.** Durch die Konzentration auf bestimmte Körperstellen (Scheitel, Stirn, Mund, Kinn, Brust, Bauch, Scham / Gesäß, oberer Beckenrand, Rücken, hintere Halswirbel, Hinterkopf) während der Stimmgebung wird die Stimmfarbe hörbar dem jeweiligen Resonanzareal angepaßt (hell / dunkel, rot / blau, etc), ähnlich der alten Gesangseinteilung in Kopf-, Brust-, Zwerchfellresonanz; wenn auch bei GROTOWSKI andere psychomotorische Kräfte angesprochen werden.

Stellen Sie sich vor, Sie hätten den Mund auf dem **Scheitel.** Sie müssen sich konzentrieren und mit Ernst und Nachdruck behaupten, Ihre Lippen würden übertrieben starke Artikulationsbewegungen auf dem Scheitel durchführen. Formen Sie ein "lächelndes" i, atmen Sie auf i ein und aus. Summen Sie *mi* mit der Vorstellung in Richtung zur Decke hin.

Genau so stellen Sie sich den Mund abwechselnd auf **Stirn, Kehlkopf, Brust, Bauch, Rücken** vor, und in dieser Reihenfolge artikulieren Sie: *e, ö, a, o, ü* (wieder in Verbindung mit Nasallauten).

Sie werden erstaunt sein, wie sich jedesmal die Klangfarbe verändert. Nach einiger Übung haben Sie so etwas wie Vibrationserlebnisse an den betreffenden Körperstellen.

(I)   Auf dieses Gedicht angewandt, heißt das für die ersten 4 Zeilen: Das vorgestellte Resonanzareal befindet sich auf dem Scheitel! Die Vokale *i* und *e* sind resonanzbestimmend ("helle Kopfstimme"). Hingegen werden die nächsten Verse von den Vokalen *a, ü, u* und *o* geprägt ("dunkle Bruststimme").

Die Zeilen 1-4 sind die Anrede Gottes, umschrieben durch das Zitat aus dem Gebet Vater unser, *der du bist im Himmel.* Das Melos steigt über die vier Zeilen hin, während jedes Zeilenende schwebenden Schluß hat. Es ergibt sich ein Gestus, der nicht nur bittend, sonder bedrängend ist (die Stimme zielt vom Scheitel aus nach oben). Das *Ach* der 5. Z. ist nicht einfach nur ein Ausruf, sondern Gipfel der Bedrängung. Die 5. und 6. Zeile erscheinen mir wie ein Vorwurf, wenn nicht gar wie eine Drohung ("Was soll das alles!"). Oder auch: "Wenn du mich nicht erhörst, dann...!"

So gesehen, ist es ein Gegenwartsgedicht. Ein an Gott gerichteter Protest. Es liegt bei Ihnen, ob Gott den Beter am Schluß erhört und damit entlastet oder ob das Gebet nur in einem Seufzer endet.

(II)   Vorherrschend (außer in *Gipfel* und *Wipfel*) sind die dunklen Vokale und der Vokal *a.* Die Brustresonanz ist bestimmend. Bitte beachten Sie peinlich genau die Zeilenenden mit ihren Pausen. Sie können nicht lang genug sein, auch wenn Sie (in einigen Fällen) nicht atmen dürfen (z.B. nach der 1. Z.)! Wie der Blick des Wanderers (GOETHE auf dem Kickelhahn zu Ilmenau) eine Spirale beschreibt, von den *Gipfeln* der Berge über die *Wipfel* der Bäume, über die *Vöglein* bis hin zu sich selbst, so kehrt sich auch Ihre Stimme von außen nach innen (am Ende auf *u* zu tiefer, dunkler "Bauch"resonanz). - Eines der schönsten Gedichte der Weltliteratur! Nicht zuletzt wegen dieses Hinübergleitens von äußerer zu innerer Schau.

⑦ **Heinrich Heine:**

Sie haben mich gequälet
aus *Lyrisches Intermezzo (47)*

Sie haben mich gequälet,
Geärgert blau und blaß.
Die einen mit ihrer Liebe,
Die andern mit ihrem Haß.

Sie haben das Brot mir vergiftet,
Sie gossen mir Gift ins Glas,
Die einen mit ihrer Liebe,
Die andern mit ihrem Haß.

Doch sie, die mich am meisten
Gequält, geärgert, betrübt,
Die hat mich nie gehasset
Und hat mich nie geliebt.

Lumpentum

Die reichen Leute, die gewinnt
Man nur durch platte Schmeichelein -
Das Geld ist platt, mein liebes Kind,
Und will auch platt geschmeichelt sein.

Das Weihrauchfaß, das schwinge keck
Vor jedem göttlich goldnen Kalb;
Bet' an im Staub, bet' an im Dreck;
Vor allem aber lob' nicht halb.

Das Brot ist teuer dieses Jahr,
Jedoch die schönsten Worte hat
Man noch umsonst - Besinge gar
Mäcenas' Hund, und friß dich satt!

Ich glaube nicht, daß HEINE so schwer zu sprechen ist, wie immer behauptet wird. Ich glaube vielmehr, daß viele Deutsche zu diesem deutschen Dichter noch immer ein gespanntes Verhältnis haben. Er zählt ja auch zu den wenig bekannten Autoren in Deutschland. Die Franzosen und Engländer, hört man, sollen ihn besser kennen.

Um HEINE sprechen zu können, braucht man zweierlei: Eine Portion Frechheit und eine Portion Trauer. Wenn Sie ihn öffentlich rezitieren wollen, rate ich Ihnen, dringender als bei jedem anderen Schriftsteller, sich wochenlang vorher mit ihm zu beschäftigen, d.h. vor allem, ihn zu lesen, immer wieder laut zu lesen, seine Gedichte, seine Prosa, seine theoretischen Schriften. Sie werden bald spüren: Er reizt genau so zum Lachen (nicht selten zu sarkastischem Lachen), wie er traurig macht. Diese Mischung müssen Sie an den Hörer bringen.

Auch das Liebesgedicht (*Sie haben mich...*), als das es sich anfangs gar nicht zu erkennen gibt, bringt zwei Kräfte zusammen, die unvereinbar zu sein scheinen, die jedenfalls kein Mensch auf einem Atem nennen würde - HEINE nennt sie auf einem Atem: Politik und Liebe. Durch diese Vermengung kann die Zerrissenheit, das Unglück dieser Ich-Person kaum überzeugender gezeigt werden. Aber gleichzeitig "kippt" die geschilderte Tragik ins Komische[55].
Sprechen Sie die jeweils 3. und 4. Z. leise, wie zu sich selbst. Sie sollten den "Refrain" in allen 3 Strophen völlig (melodisch und dynamisch) gleich sprechen. Die Zeilen enden wieder mit fallendem Schluß; nur das Wort *Liebe* sollte mit steigendem Schluß gesprochen werden. Die 1. und 2. Z. der letzten Strophe würde ich wie eine Frage mit steigendem Melos behandeln. Leiten Sie die 3. Z. der 3. Strophe mit einer längeren Pause ein, um den variierten Refrain abzusetzen. Sprechen Sie ihn (die letzten beiden Zeilen also) dennoch zügig und ohne stärkere Betonungen.

Lumpentum ist besonders böse. Der Sprecher nimmt den Hörer (wahrscheinlich eine Hörerin) sozusagen auf den Schoß, bezeichnet ihn (sie) als sein *liebes Kind*, und ist bemüht, ihm (ihr) alle Skrupel zu nehmen, wenn's ums Mäzenatentum (sponsoring) geht.

> Man sollte nicht verwechseln: Das Gedicht ist eine Kritik am Mäzen, nicht am Künstler, der sich seiner bedient!

Die "Ratschläge" müssen wie "mit Begeisterung" vorgetragen werden (*bet an im Staub* usw.). Beachten Sie, vor allem in der 3. Str., das Enjambement.
Dieses *...und friß dich satt!* empfiehlt sich, dynamisch zurückzunehmen. Der Schluß des Gedichtes klingt fast leise aus und steht im krassen Widerspruch zu dem "begeisterten" Ausruf *Mäcenas' Hund*.
Was für eine Kritik! Und was für eine Tragik!

---

[55] was wohl der Grund zu sein scheint, weshalb man dem armen HEINE bis heute "echte Liebe" nicht zutrauen möchte

⑦**Hermann Hesse:** *In Sand geschrieben*

Daß das Schöne und Berückende
Nur ein Hauch und Schauer sei,
Daß das Köstliche, Entzückende,
Holde ohne Dauer sei:
Wolke, Blume, Seifenblase,
Feuerwerk und Kinderlachen,
Frauenblick im Spiegelglase
Und viel andre wunderbare Sachen,
Daß sie, kaum entdeckt, vergehen,
Nur von Augenblickes Dauer,
Nur ein Duft und Windeswehen,
Ach, wir wissen es mit Trauer.
Und das Dauerhafte, Starre
Ist uns nicht so innig teuer:
Edelstein mit kühlem Feuer,
Glänzendschwere Goldesbarre;
Selbst die Sterne, nicht zu zählen,
Bleiben fern und fremd, sie gleichen
Uns Vergänglichen nicht, erreichen
Nicht das Innerste der Seelen.
Nein, es scheint das innigst Schöne,
Liebenswerte dem Verderben
Zugeneigt, stets nah am Sterben,
Und das Köstlichste: die Töne
Der Musik, die im Entstehen
Schon enteilen, schon vergehen,
Sind nur Wehen, Strömen, Jagen

Und umweht von leiser Trauer,
Denn auch nicht auf Herzschlags Dauer
Lassen sie sich halten, bannen;
Ton um Ton, kaum angeschlagen,
Schwindet schon und rinnt von dannen.

So ist unser Herz dem Flüchtigen,
Ist dem Fließenden, dem Leben
Treu und brüderlich ergeben,
Nicht dem Festen, Dauertüchtigen.
Bald ermüdet uns das Bleibende,
Fels und Sternwelt und Juwelen,
Uns in ewigem Wandel treibende
Wind- und Seifenblasenseelen,
Zeitvermählte, Dauerlose,
Denen Tau am Blatt der Rose,
Denen eines Vogels Werben,
Eines Wolkenspiegels Sterben,
Schneegeflimmer, Regenbogen,
Falter, schon hinweggeflogen,
Denen eines Lachens Läuten,
Das uns im Vorübergehen
Kaum gestreift, ein Fest bedeuten
Oder wehtun kann. Wir lieben,
Was uns gleich ist, und verstehen,
Was der Wind in Sand geschrieben.

Denken Sie, wenn Sie sich diesem Gedicht nähern, zuerst wieder an den **Sinnbezug**. Auch hier werden Ihnen die Satzzeichen nur bedingt helfen. Gehen Sie Zeile für Zeile durch, und suchen Sie Anfang und Ende einer Aussage. Z. B. sind die ersten beiden Zeilen e i n Gedanke (Sie sollten ihn nicht durch einen Atmungseinschnitt unterbrechen). Im zweiten Gedanken müssen Sie das Enjambement berücksichtigen, aber trotzdem nach dem Wort *Holde* eine weitere Zäsur machen. Denn hier endet ein Sinnschritt und danach erst kommt der zweite Gedanke zum Abschluß. Ihm folgen Bilder und Erklärungen, dann weitere selbständige Gedanken (*daß sie, kaum entdeckt, vergehen* oder: *daß sie nur von Augenblickes Dauer*, usw.). Bis endlich in der 12. Z. (!) die eigentliche Aussage erfolgt, die Beendigung des Hauptgedankens: "Daß alles vergänglich ist", *ach, wir wissen es mit Trauer.*

Gedanken, Sinnschritte, Erklärungen, Bilder folgen einander und stehen oft unter der Klammer eines übergeordneten Gedankens. Bilder, Impressionen, Assoziationen lösen einander ab. Machen Sie sich mit jeder einzelnen Zeile vertraut, und sprechen Sie nichts, was Ihnen nicht völlig klar ist!

Lassen Sie sich trotz der Länge mancher Aussagen nicht zu erhöhtem Tempo drängen - das ist oberstes Gebot!

Auch sollten Sie sehr genau auf den Verlauf des **Melos** achten: Gehen Sie so oft wie möglich mit der Stimme nach unten. Die Bildfolgen (*Wolke, Blume, Seifenblase*, usw.) sind nicht einfach Aufzählungen mit steigendem Schluß nach jedem Wort (diese Sprechart würde die Bilder stumpf, langweilig machen), sondern die Bildfolgen sollen den Hörer zu Assoziationen und eigenen Impressionen anregen - und zwar j e d e s Bild! Das gilt auch für die 2. Strophe.

Zum **Lautbezug**: Das Wort *Trauer* kommt zweimal in der ersten Str. vor. Sprechen Sie das Wort mehrmals halblaut vor sich hin. Immer mit fallendem Schluß! Der melodische Akzent liegt auf dem *au* (gesprochen [a + o]), während die Endung er [ɘr] selbstverständlich abfällt. Sie spüren bald die dem Wort und seiner Lautfolge innewohnende Suggestivkraft (vergleichen Sie den Gegensatz zu dem Wort *fröhlich*) Mit dieser Grundstimmung und dieser "inneren Haltung" sprechen Sie die erste Strophe. Sie erkennen staunend, daß sie von den Diphthongen *au, ei, eu* (in der Reihenfolge ihrer Häufigkeit) beherrscht wird. Es entsteht eine Moll-Stimmung.

Die zweite Strophe wird von den Vorderzungenvokalen *ü, i, e* bestimmt[56], also von einer helleren Resonanz, die durch Alliteration auf den Konsonanten *w, f* und *d, t* - also den sog. Lippen- und Zahnlauten - begünstigt wird. Ein leiser, behutsamer Übergang zu Dur.

---

[56] vergl.: be-stimmt / es stimmt / Stimmung / Stimme

⑦ FRIEDRICH HÖLDERLIN: *Schicksalslied*

Ihr wandelt droben im Licht	*- 4füßig ohne Auftakt*
Auf weichem Boden, selige Genien!	*- 4füßig mit Auftakt*
Glänzende Götterlüfte	*- 2- od. 3füßig o.Auft.*
Rühren euch leicht,	*- 2füßig*
Wie die Finger der Künstlerin	*- 2silbiger Auft., 2füßig*
Heilige Saiten.	*- 2füßig o.Auftakt*

Schicksallos, wie der schlafende	*- 4 Hebungen; Enjamb.*
Säugling, atmen die Himmlischen;	
Keusch bewahrt	
In bescheidener Knospe,	*- 2silbiger Auftakt (!)*
Blühet ewig	*- entw. 2silb. Auft. od.*
Ihnen der Geist,	*o.Auft.,2füßig*
Und die seligen Augen	
Blicken in stiller	
Ewiger Klarheit.	

Doch uns ist gegeben,	*- mit Auftakt*
Auf keiner Stätte zu ruhn,	*- m. Auft.*
Es schwinden, es fallen	*- m.Auft.*
Die leidenden Menschen	*- m.Auft.*
Blindlings von einer	*- ohne Auft.*
Stunde zur andern,	*- o.Auft.*
Wie Wasser von Klippe	*- m.Auft.*
Zu Klippe geworfen,	*- m.Auft.*
Jahrlang ins Ungewisse hinab.	*- o.A.; 5 Hebungen*

HÖLDERLINs Dichtung nimmt eine Sonderstellung in der deutschen Literatur ein. Wie P. BER-TAUX überzeugend darlegt, ist für HÖLDERLIN die Welt, die Natur, kurz die gesamte Schöpfung Musik, Stimme und Klang. Seine Dichtung, gleich, ob Lyrik oder Prosa, schwelgt in Musik.

Es versteht sich, daß der HÖLDERLIN-Sprecher eine hohe Formstufe haben muß. Ich setze eine solche Formstufe voraus. Sie sollten also die Ausspracheregelung und die Gesetze der Koarti-kulation beherrschen, mit einem Wort, Sie sollten auf dem Gebiet der Sprecherziehung kein Neuling sein.

Zuerst stellen Sie wieder den Sinnbezug her, was Ihnen jetzt sicher leichtfallen wird.
Nun wenden Sie sich der **Form** zu. Es handelt sich hier um freie rhythmische Ge-staltung. An meinen Anmerkungen (auf der Textseite) erkennen Sie, daß manche Zeilen mehrdeutbar sind (z.B. die 3. Z.). Hier entscheidet I h r Sinnbezug. Die 1. Str. ist ein Schreiten (bei fast gleicher Schwere der Akzente). *Ihr* (1. Z., 1. Str.) korrespondiert mit *uns* (1. Z., 3. Str., hier jetzt mit Auftakt). Allein schon wegen dieser Verbindung mit der letzten Strophe, würde ich die erste Zeile des Gedichtes ohne Auftakt sprechen!

In der 2. Str. ist das Schreiten noch auffälliger: *schíck-sál-lós, wie der schláfende | Säugling, átmen die Hímmlischen*; in dieser Zeile läuft alles auf *atmen* hinaus. 2. Str., 5. Z.: Hier können Sie entweder sagen: *Blühet éwig* (2silbiger Auftakt und nur 1 Akz.) oder: *Blühet éwig* (ohne Auftakt und 2 Akzente). Ich ziehe die letzte Variante vor.

Beachten Sie bitte in der 3. Str. die Häufung der Auftakte. Wenn nun plötzlich eine Zeile ohne Auftakt (mit trochäischer Hebung) beginnt, so drückt sich in diesem Wechsel das Bild des fallenden Menschen aus. Der letzten Zeile des Gedichtes z. B. sind zwei Verse mit Auftakt vorausgegangen. Nun in der letzten Zeile stürzt alles auf das harte *a* in *Jáhrláng* und kommt nicht zur Ruhe, sondern fällt (insgesamt 5mal = 5 Hebungen) abwärts in den Orkus.

Stellen Sie nun den **Lautbezug** her.
Auffallend ist in allen drei Strophen der jähe Wechsel von Lippenvorstülpung (bei den Vokalen o, ö, eu, ü, u und bei dem Konsonanten sch[57] = [ʃ]) zu Lippenbreitzug (lächelnde Stellung bei i und e). Dieser Artikulation entspricht der Wechsel von "Kopf-" / "Scheitelresonanz" zu "abdominaler Resonanz"[58] . Und das wiederum entspricht vollkommen der inhaltlichen Aussage!

---

[57] der Schwabe Hölderlin hat auch *Geist* und *Künstlerin* mit [ʃ] gesprochen
[58] vergl. S. 107 f.

⑦THOMAS MANN: aus *Mario und der Zauberer*

Er kam in jenem Geschwindschritt herein, in dem Erbötigkeit gegen das
Publikum sich ausdrückt und der die Täuschung erweckt, als habe der Ankommende
in diesem Tempo schon eine weite Strecke zurückgelegt, um vor das Angesicht der
Menge zu gelangen, während er doch eben noch in der Kulisse stand. Der Anzug
Cipollas*⁾ unterstützte die Fiktion des Von-außen-her-Eintreffens. Ein Mann schwer
bestimmbaren Alters, aber keineswegs mehr jung, mit scharfem, zerrüttetem Gesicht,
stechenden Augen, faltig verschlossenem Munde, kleinem, schwarz gewichstem
Schnurrbärtchen und einer sogenannten Fliege in der Vertiefung zwischen Unterlippe
und Kinn, war er in eine Art von komplizierter Abendstraßeneleganz gekleidet. Er
trug einen weiten schwarzen und ärmellosen Radmantel mit Samtkragen und
atlasgefütterter Pelerine, den er mit den weiß behandschuhten Händen bei
behinderter Lage der Arme vorn zusammenhielt, einen weißen Schal um den Hals
und einen geschweiften, schief in die Stirn gerückten Zylinderhut. Vielleicht mehr
als irgendwo ist in Italien das achtzehnte Jahrhundert noch lebendig und mit ihm der
Typus des Scharlatans, des marktschreierischen Possenreißers, der für diese Epoche
so charakteristisch war, und dem man nur in Italien noch in ziemlich wohlerhaltenen
Beispielen begegnen kann. Cipolla hatte in seinem Gesamthabitus viel von diesem
historischen Schlage, und der Eindruck reklamehafter und phantastischer Narretei,
die zum Bilde gehört, wurde schon dadurch erweckt, daß die anspruchsvolle
Kleidung ihm sonderbar, hier falsch gestrafft und dort in falschen Falten, am Leibe
saß oder gleichsam daran aufgehängt war: Irgend etwas war mit seiner Figur nicht in
Ordnung, vorn nicht und hinten nicht, - später wurde das deutlicher. Aber ich muß
betonen, daß von persönlicher Scherzhaftigkeit oder gar Clownerie in seiner Haltung,
seinen Mienen, seinem Benehmen nicht im geringsten die Rede sein konnte;
vielmehr sprachen strenge Ernsthaftigkeit, Ablehnung alles Humoristischen, ein
gelegentlich übellauniger Stolz, auch jene gewisse Würde und Selbstgefälligkeit des
Krüppels daraus, - was freilich nicht hinderte, daß sein Verhalten anfangs an
mehreren Stellen des Saales Lachen hervorrief.

---

*⁾Aussprache: "Tschipolla"

TH. MANN bevorzugt die Ich-Form in seinen Erzählungen und Romanen. So auch hier. Die Ich-Form[59] hat für den Hörer besonderen Reiz: Er erlebt den Erzähler d i r e k t. Die in der Ich-Form geschriebene Erzählung erweckt die Illusion, der Hörer sei realer Bezugspartner des Erzählers. Der Erzähler wende sich direkt an ihn. Dadurch entsteht die Atmosphäre einer gewissen Vertrautheit zwischen Rezitator und Hörer. Für Sie bedeutet das: Der **Hörerbezug** ist vom Dichter vorgegeben, der Hörer ist quasi Ihr Partner in einer vom Dichter beschworenen Situation. Sie müssen sich darum über zweierlei Gewißheit verschaffen, wenn Sie eine Ich-Erzählung vortragen wollen: 1. Wer ist "ich"? (Frage nach der Person des Ich-Erzählers); 2. In welcher Situation wird berichtet (Anlaß und Ort der Erzählung). Es ist müßig noch einmal darauf hinzuweisen, daß Sie den ganzen Roman, bzw. die ganze Erzählung kennen müssen, wenn Sie dem zitierten Teil gerecht werden wollen.

Obgleich der Ich-Erzähler viel von dem Dichter selbst hat, bedeutet das nicht, daß Sie in eine Thomas-Mann-Rolle schlüpfen, also Theater spielen sollen. Aber es bedeutet, daß Sie sich den "Gestus"des Erzählers, seine "Haltung" zum Hörer anzueignen versuchen.

Es gibt Passagen (im ersten Drittel) der Erzählung, wo der Hörer d i r e k t angesprochen wird, ja wo der Erzähler auf (fiktive) Einwürfe des Hörers zu antworten scheint. Probieren Sie diese Abschnitte, Sie geben Auskunft über das Verhältnis zum Hörer.

Damit sind Sie auch schon beim **Gestus** des Erzählers. Das nebenstehende Zitat zeugt von einer Liebe zum Detail, einer gewissen Verliebtheit in die Beschreibung des Details, der Sie gerecht werden müssen. Die Charakterisierung des Cipolla entbehrt nicht des Humors, stellenweise der Ironie. Aber hinter der ironischen und temperamentvollen Darstellung der Auftrittsszene des Gauklers steht - immer präsent - die Besorgnis um den Ausgang der Geschichte. Die genauen Beschreibungen dienen offensichtlich nur dem Zweck, dem Hörer etwas von der theatralischen und gleichzeitig grotesk unheilschwangeren Situation zu vermitteln.

Zusammenfassend läßt sich sagen: Der Erzähler (in der Novelle) spricht fließend, ohne lange nach Worten suchen zu müssen, er hat eine Vorliebe für lautfärbende Artikulation mit starken ausschöpfenden Mundbewegungen. Die Gedanken stehen bereit, noch während er den vorangegangenen artikuliert (darum die langen Sätze). Manchmal wiederholt er sich, um einen Gedanken zu präzisieren oder ihn mit dem vorangegangenen zu verknüpfen.

Sie müssen sich dennoch die Zeit nehmen, durch sinnvolle **Pausen** die einzelnen Gedanken und Bilder deutlich zu machen, also nicht einfach "schnell" zu sprechen. Die Pausen sind auch hier das geeignete Mittel, dem Hörer Zeit zum Mitdenken zu geben. Der Text zwischen den Pausen kann dann wieder schnell (und deutlich) artikuliert werden. Diese schnelle Artikulation charakterisiert den Erzähler! Sie artikulieren also nicht darum schnell, weil Sie befürchten, der Hörer könne den langen Passagen sonst nicht folgen!

$\Rightarrow$

---

[59] vergl. auf den S. 50 ff. die Briefromane GOETHEs und HÖLDERLINs

⑦ THOMAS MANN: aus *Mario und der Zauberer*

Dies Verhalten hatte nichts Dienstfertiges mehr; die Raschheit seiner Auftrittsschritte stellte sich als reine Energieäußerung heraus, an der Unterwürfigkeit keinen Teil gehabt hatte. An der Rampe stehend und sich mit lässigem Zupfen seiner Handschuhe entledigend, wobei er lange und gelbliche Hände entblößte, deren eine ein Siegelring mit hochragendem Lasurstein schmückte, ließ er seine kleinen strengen Augen, mit schlaffen Säcken darunter, musternd durch den Saal schweifen, nicht rasch, sondern indem er hie und da auf einem Gesicht in überlegener Prüfung verweilte - verkniffenen Mundes, ohne ein Wort zu sprechen. Die zusammengerollten Handschuhe warf er mit ebenso erstaunlicher wie beiläufiger Geschicklichkeit über eine bedeutende Entfernung hin genau in das Wasserglas auf dem Rundtischchen und holte dann, immer stumm umherblickend, aus irgendwelcher inneren Tasche ein Päckchen Zigaretten hervor, die billigste Sorte der Regie, wie man am Karton erkannte, zog mit spitzen Fingern eine aus dem Bündel und entzündete sie, ohne hinzusehen, mit einem prompt funktionierenden Benzinfeuerzeug. Den tief eingeatmeten Rauch stieß er, arrogant grimassierend, beide Lippen zurückgezogen, dabei mit dem Fuße leise aufklopfend, als grauen Sprudel zwischen seinen schadhaften abgenutzten, spitzigen Zähnen hervor.

Das Publikum beobachtete ihn so scharf, wie es sich von ihm durchmustert sah. Bei den jungen Leuten auf den Stehplätzen sah man zusammengezogene Brauen und bohrende, nach einer Blöße spähende Blicke, die dieser allzu Sichere sich geben würde. Er gab sich keine. Das Hervorholen und Wiederverwahren des Zigarettenpäckchens und des Feuerzeuges war umständlich dank seiner Kleidung; er raffte dabei den Abendmantel zurück, und man sah, daß ihm über dem linken Unterarm an einer Lederschlinge unpassenderweise eine Reitpeitsche mit klauenartiger silberner Krücke hing. Man bemerkte ferner, daß er keinen Frack, sondern einen Gehrock trug, und da er auch diesen aufhob, erblickte man eine mehrfarbige, halb von der Weste verdeckte Schärpe, die Cipolla um den Leib trug, und die hinter uns sitzende Zuschauer in halblautem Austausch für das Abzeichen des Cavaliere hielten. Ich lasse das dahingestellt, denn ich habe nie gehört, daß mit dem Cavalieretitel ein derartiges Abzeichen verbunden ist. Vielleicht war die Schärpe reiner Humbug, so gut wie das wortlose Dastehen des Gauklers, der immer noch nichts tat, als dem Publikum lässig und wichtig seine Zigarette vorzurauchen.

Beachten Sie bitte auch hier das **fallende Melos**, und überlegen Sie, wo sie **steigenden Schluß** bevorzugen können, wo Sie also aufzählen - z.b. wenn (auf der Seite 116) das Gesicht beschrieben wird. Auch hier gilt: Eine werkgetreue und verständliche Wortgestaltung ist nur möglich, wenn der Rezitator die Fähigkeit beherrscht, durch Atmungeinschnitte und durch **fallenden Schluß** die vorgegebenen Gedanken für den Hörer zu ordnen[60].

Machen Sie sich nun mit dem **Lautbestand** vertraut. Reizvoll ist die Feststellung, daß in der Beschreibung des Cipolla das *sch* [ʃ] unter den Konsonanten (wie auch in dessen Namen) vorherrscht (obwohl kaum anzunehmen ist, daß dies dem Dichter bewußt war, was jedoch an der Sache nichts ändert). Die Anhäufung (vergl. die vorangegangene Seite) ist erstaunlich. Wenn Sie dies Charakteristikum berücksichtigen, werden Sie automatisch deutlicher. Sie werden "plastischer". Dem [ʃ] stehen Häufungen von Vorderzungenvokalen (i und e) gegenüber. Die Artikulation wechselt damit zwischen Lippenvorstülpung und -breitzug.

Eine sehr gute Übung, mit der man sich die Artikulation bewußt machen kann, ist das **Flüstern** des Textes. Achten Sie bitte darauf, daß Sie **stimmlos** flüstern, um die Stimmlippen nicht zu strapazieren. Die Vokale sind also völlig tonlos! Nur die Geräusche der Konsonaten sind zu hören, wobei dann das [ʃ] besonders deutlich wird. Wenn Sie das richtige Empfinden für die Lippenbewegungen haben, sprechen Sie den Text mit Stimme - ohne zu übertreiben, zu "frisieren". Die ausschöpfende Artikulation stellt sich jetzt von allein her.

Ähnlich dem Wechsel zwischen Lippenbreitzug und -vorstülpung ist auch der zwischen den Vorderzungenvokalen (i und e) und den ihnen verwandten Umlauten ü und ö, z. B. auf der nebenstehenden Seite im ersten Absatz. Auch hier sind wieder viele sch-Laute vorhanden! Im nächsten Abschnitt spielen die Umlaute und Diphthonge eine große Rolle. Kopieren Sie die Seiten und kennzeichnen Sie die genannten Laute. So schärfen Sie den Blick für die Besonderheiten der Texte.

Die **Erzählsituation** ist unbestimmt. Der Erzähler berichtet von einem Urlaubserlebnis in Italien, wo er mit der Familie (mit kleinen Kindern) war. Abgesehen von Unannehmlichkeiten bestimmter Art, waren er und die seinen zu keiner Zeit physisch bedroht. Aber er hat die Bedrohung des Publikums, dessen Manipulation durch einen fremden Willen erlebt. Dies ist das Motiv und der Anlaß seiner Mitteilungen: Die Sorge vor Demagogie und Manipulation. Damit ist die Erzählung brandaktuell.

Es ist egal, ob Sie während des Lesens sitzen oder stehen. Am günstigsten ist, auswendig zu sprechen und dabei, wenn es die Handlung erlaubt, ab und zu den Platz zu wechseln oder sich für einige Zeit zu setzen.

---

[60] vergl. auch die Ausführungen zu KLEISTs *Michael Kohlhaas*, S. 31 ff.

⑦Joseph von Eichendorff: *Aus dem Leben eines Taugenichts*

aus: *Erstes Kapitel*

Indem, wie ich mich so umsehe, kömmt ein köstlicher Reisewagen ganz nahe an mich heran, der mochte wohl schon einige Zeit hinter mir drein gefahren sein, ohne daß ich es merkte, weil mein Herz so voller Klang war, denn es ging ganz langsam, und zwei vornehme Damen steckten die Köpfe aus dem Wagen und hörten mir zu. Die eine war besonders schön und jünger als die andere, aber eigentlich gefielen sie mir alle beide. Als ich nun aufhörte zu singen, ließ die ältere stillhalten und redete mich holdselig an: Ei, lustiger Gesell, Er weiß ja recht hübsche Lieder zu singen. Ich nicht zu faul dagegen: Ew. Gnaden aufzuwarten, wüßte ich noch viel schönere. Darauf fragte sie mich wieder: Wohin wandert Er denn schon so am frühen Morgen? Da schämte ich mich, daß ich das selber nicht wußte, und sagte dreist: Nach Wien; nun sprachen beide miteinander in einer fremden Sprache, die ich nicht verstand. Die jüngere schüttelte einigemal mit dem Kopfe, die andere lachte aber in einem fort und rief mir endlich zu: Spring Er nur hinten mit auf, wir fahren auch nach Wien. Wer war froher als ich! Ich machte eine Reverenz und war mit einem Sprunge hinter dem Wagen, der Kutscher knallte, und wir flogen über die glänzende Straße fort, daß mir der Wind am Hute pfiff.

Hinter mir gingen nun Dörfer, Gärten und Kirchtürme unter, vor mir neue Dörfer, Schlösser und Berge auf; unter mir Saaten, Büsche und Wiesen bunt vorüberfliegend, über mir unzählige Lerchen in der klaren blauen Luft - ich schämte mich, laut zu schreien, aber innerlichst jauchzte ich und strampelte und tanzte auf dem Wagentritt herum, daß ich bald meine Geige verloren hätte, die ich unterm Arm hielt. Wie aber dann die Sonne immer höher stieg, rings am Horizont schwere weiße Mittagswolken aufstiegen und alles in der Luft und auf der weiten Fläche so leer und schwül und still wurde über den leise wogenden Kornfeldern, da fiel mir erst wieder mein Dorf ein und mein Vater und unsere Mühle, wie es da so heimlich kühl war an dem schattigen Weiher und daß nun alles so weit, weit hinter mir lag. Mir war dabei so kurios zumute, als müßt ich wieder umkehren; ich steckte meine Geige zwischen Rock und Weste, setzte mich voller Gedanken auf den Wagentritt hin und schlief ein.

Als ich die Augen aufschlug, stand der Wagen still unter hohen Linden-bäumen, hinter denen eine breite Treppe zwischen Säulen in ein prächtiges Schloß führte. Seitwärts durch die Bäume sah ich die Türme von Wien. Die Damen waren, wie es schien, längst ausgestiegen, die Pferde abgespannt. Ich erschrak sehr, da ich auf einmal so allein saß, und sprang geschwind in das Schloß hinein, da hörte ich von oben aus dem Fenster lachen.

Wieder eine **Ich-Erzählung**! Der Unterschied zu der Vorangegangenen kann kaum größer sein.

Ich empfehle Ihnen, machen Sie die Probe aufs Exempel. Vergleichen Sie die bisher besprochenen Ich-Erzählungen - also die beiden Briefromane (*Werthers Leiden*, S. 50, *Hyperion*, S. 52 und *Mario und der Zauberer*, S. 116) - mit dem *Taugenichts*. Sprechen Sie die Texte. Versuchen Sie nun, das jeweils erzählende Ich mit Ihren Worten zu charakterisieren, beschreiben Sie den jeweiligen Erzähler, seinen Gestus (siehe *Mario und der Zauberer*), seinen Hörerbezug (vergl. Kap. 1). Ich empfehle Ihnen, Skizzen anzufertigen. Sie knüpfen auf diese Weise neue, tiefere Beziehungen nicht nur zur Dichtung, sondern zu eigenen Erfahrungen. Lesen Sie das jeweilige Werk und begutachten Sie, ob Ihre Charakterisierungen dem g a n z e n Werk gerecht werden.

Was den Taugenichts betrifft, so hat er große Ähnlichkeit mit einer Märchenfigur. Er ist der Hans im Glück auf biedermeierisch. Im Gegensatz zu TH. MANNs Ich-Erzähler hüpft dieser durch die Welt, ohne genau zu erfassen, was er sieht; im Gegenteil, er sieht nur, was ihm die Vorstellung vorgaukelt. Seine Erzählung besteht aus Wunschvorstellungen und -bildern, die er für Realität hält. Selbst die Geige, die er angeblich überall zur Hand hat, kann unmöglich Realität sein (es sei denn, es handle sich um ein unzerbrechliches und zugleich winziges Taschenformat dieses Instruments). Der junge Mann ist überaus sympathisch in seiner Unbekümmertheit. Er ist fröhlich, und selbst, wenn er traurig ist, ist die Traurigkeit wohltuend - für ihn wie für uns.

Was hat er für einen **Hörerbezug**? Gar keinen. Oder doch einen sehr geringen. Er weiß gar nicht, zu wem er spricht. Und schliefe einer seiner Hörer ein, er würde es nicht merken. Er plaudert zu seiner eigenen Unterhaltung. Wer Lust hat, darf zuhören. In die Plauderei ohne Ende, ohne "Rückkopplung" zum Hörer, streut er Gedichte, wenn er will vier Strophen lang - und sein Publikum lauscht amüsiert, verzückt oder entrückt.

Kann man das sprechen? Und vor einem Hörer unserer Zeit? Durchaus! J e d e Dichtung ist Verfremdung der Wirklichkeit, nicht nur diese. EICHENDORFF ist mit dem *Taugenichts* etwas gelungen, das auch heute noch seinesgleichen sucht: eine kritisch-humorvolle Distanz mit märchenhafter, unwirklich schöner Nähe zu vereinen. Auch der gegenwärtige Hörer kann sich der Verzauberung, die aus dieser Dichtung hervorgeht, nicht entziehen.

Und der Taugenichts plaudert mit Humor! Plaudern auch Sie fast ohne Unterbrechung, nur durch die Absätze zu einer gewissen Gliederung angehalten. Schwelgen auch Sie in Erinnerungen, und der Hörer wird mitschwelgen: ...*innerlichst jauchzte ich und strampelte und tanzte auf dem Wagentritt herum, daß ich bald meine Geige verloren hätte...*

⑦ FRIEDRICH SCHILLER: *Der Handschuh*

Str.1-3

Vor seinem Löwengarten,
Das Kampfspiel zu erwarten,
Saß König Franz,
Und um ihn die Großen der Krone
Und rings auf hohem Balkone
Die Damen in schönem Kranz.

Und wie er winkt mit dem Finger,
Auftut sich der weite Zwinger,
Und hinein mit bedächtigem Schritt
Ein Löwe tritt,
Und siehet sich stumm
Rings um,
Mit langem Gähnen,
Und schüttelt die Mähnen,
Und streckt die Glieder,
Und legt sich nieder.

Und der König winkt wieder,
Da öffnet sich behend
Ein zweites Tor,
Daraus rennt
Mit wildem Sprunge
Ein Tiger hervor.
Wie der den Löwen erschaut,
Brüllt er laut,
Schlägt mit dem Schweif
Einen furchtbaren Reif,
Und er recket die Zunge
Und im Kreise scheu
Umgeht er den Leu
Grimmig schnurrend,
Drauf streckt er sich murrend
Zur Seite nieder.

⇨

Diese bekannte Ballade SCHILLERs habe ich ausgewählt, weil sie auf besondere Weise die Lautmalerei für die Bild- und Szenengestaltung nutzt.

Der **Sinnbezug** ist verhältnismäßig einfach herzustellen. Erfahrungsgemäß fällt es allerdings, trotz mehrerer Warnungen, noch immer schwer, die Interpunktionsfallen zu umgehen. Vor allem die Kommata üben einen geradezu suggestiven Einfluß auf den Sprecher aus und verführen zu steigendem Schluß und Melos. So m ü s s e n Sie z.B. in der 1. Str. *König Franz* zu fallendem Schluß bringen. Der erste Gedanke ist hier abgeschlossen. Genau so verfahren Sie mit dem zweiten Gedanken, der auf *Krone* endet. Dann folgt in zwei Zeilen der dritte Gedanke, dessen Hauptakzent auf dem *a* von *Damen* liegt. Beachten Sie nun, daß die drei letzten Wörter dieser Strophe keineswegs stimmlich höher liegen dürfen als das Wort *Damen*. Wenn Ihnen dieser Melosverlauf nicht gelingen will, fassen Sie die Zeilen in Prosa. **Testsatz**: "Rings auf hohem Balkone (saßen) in schönem Kranz die Damen⇂." Übertragen Sie penibel den fallenden Schluß des Testsatzes auf die *Damen* im Vers!
Es liegt bei Ihnen, ob sie die 3. Z. mit oder ohne Auftakt sprechen wollen.
Verfahren Sie ähnlich mit den weiteren Strophen. Z. B. ist es reizvoller, in der 2. Str. die 2. Z. ohne Auftakt (**áu***ftut sich...*) als mit Auftakt (*auf***tút** *sich...*) zu sprechen; auch würde ich *Zwinger* wieder mit fallendem Schluß und anschließender Pause sprechen, sozusagen mit folgendem Doppelpunkt. Dadurch wird der Auftritt des Löwen spannender vorbereitet.
Beachten Sie: Jede Strophe hat ihr eigenes Tempo! Einen großen Einfluß übt dabei die Wahl der Konsonanten und Vokale aus. Man kann sagen: Jedes Raubtier hat seinen eigenen "Klang". Es fällt Ihnen sicher leicht, sich mit den Lautmalereien vertraut zu machen und sie für die sprachliche Gestaltung zu nutzen. Diese Gestaltung (also vor allem der 2., 3. und 4. Str.) sollte allerdings mit großer Zurückhaltung erfolgen. Die Grenze setzt der Geschmack.

> Faustregel: Nie illustrieren! Nie theatralisch nachahmen! Nur die vorgegebene sprachliche Form gestalten!

In den genannten 3 Str. sollten die jeweils ersten Zeilen, da sie die Schilderung gleicher Handlungen wiederholen, auch jeweils gleich gesprochen werden (also das Winken des Königs und das Öffnen der Tore). Variationen in Melos und Tempo sind hier unangebracht (keine stilistische Übung im Sinne von "Variationsgestaltung"!).
SCHILLER hat kein einheitliches Versmaß gewählt. Aber er hat die Zeilenlänge als wichtige Gestaltungsvorgabe genutzt. Sie müssen sich also hier - trotz des Endreims - an die Zeilenlänge u n d an die gedankliche Gliederung halten!

⇨

⑤ SCHILLER *Der Handschuh*

Str.4-8

Und der König winkt wieder,
Da speit das doppelt geöffnete Haus
Zwei Leoparden auf einmal aus,
Die stürzen mit mutiger Kampfbegier
Auf das Tigertier;
Das packt sie mit seinen grimmigen Tatzen,
Und der Leu mit Gebrüll
Richtet sich auf, da wird's still;
Und herum im Kreis,
Von Mordsucht heiß,
Lagern sich die greulichen Katzen.

Da fällt von des Altans Rand
Ein Handschuh von schöner Hand
Zwischen den Tiger und den Leun
Mitten hinein.

Und zu Ritter Dolorges, spottender Weis',
Wendet sich Fräulein Kunigund:
"Herr Ritter, ist Eure Lieb' so heiß,
Wie Ihr mir's schwört zu jeder Stund,
Ei, so hebt mir den Handschuh auf!"

Und der Ritter, in schnellem Lauf,
Steigt hinab in den furchtbarn Zwinger
Mit festem Schritte,
Und aus der Ungeheuer Mitte
Nimmt er den Handschuh mit keckem Finger.

Und mit Erstaunen und mit Grauen
Sehen's die Ritter und Edelfrauen,
Und gelassen bringt er den Handschuh zurück.
Da schallt ihm sein Lob aus jedem Munde,
Aber mit zärtlichem Liebesblick -

Er verheißt ihm sein nahes Glück -
Empfängt ihn Fräulein Kunigunde.
Und er wirft ihr den Handschuh ins
Gesicht:
"Den Dank, Dame, begehr' ich nicht!'

Und verläßt sie zur selben Stunde.

Mit der 5. Strophe beginnt die eigentliche Handlung. Die Pause zu der vorangegangenen Str. muß deutlich sein. Genau so auch Ihre Stimmfarbe. Sie erreichen das
durch den Wechsel der **Resonanzareale**[61].
Die letzten 3 Zn. der 4. Str. forderten mit den Vokalen o und u, ei und a eine stärkere Konzentration auf die "dunklere" Resonanz.
"Schalten" Sie, wenn Sie die 5. Str. beginnen, auf die "hellere" Brust-, wenn nicht
gar Kopfresonanz um. Sprechen Sie also die Vokale a und i mit lächelnder Lippen-
stellung, und der Stimmklang wird heller.

> Probieren Sie noch einmal mit der von mir auf S. 109 beschriebenen Methode diesen
> "Umschaltvorgang". Stellen Sie sich vor, Sie hätten den Mund auf der Brust, auf dem Adams-
> apfel oder, wenn Sie noch heller werden wollen, auf der Stirn. Und nun artikulieren Sie mit
> dem fiktiven Mund sehr deutlich die entsprechenden Textpassagen. Stellen Sie sich vor, daß
> Sie w i r k l i c h an jenen Stellen artikulieren!

Die 5. Str. wird dadurch hell und freundlich. Dieser freundliche Ton steht bewußt
im Gegensatz zum Inhalt der Strophe: der Handschuh, der "aus heiterem Himmel"
in die Manege fällt.
Darauf ist wieder "atemlose" Stille. Wenn Sie nun die Worte des Burgfräuleins mit
Kopfresonanz[62] freundlich und ruhig wiedergeben, ohne etwa einen spöttischen
Ton erzeugen zu wollen, erzielen Sie genau die Wirkung, die der Autor an dieser
Stelle beabsichtigte. Sie brauchen die Stimme in keiner Weise zu verstellen.
Was nun folgt, läuft verhältnismäßig schnell ab. Bis zur 3. Z. der 8. Strophe
(...*bringt er den Handschuh zurück*) herrscht noch immer beklemmende Stille in
der Runde der Zuschauer, während Ritter Dolorges *in schnellem Lauf* und *mit
festem Schritte* das Geschäft erledigt. Erst nachdem er *gelassen* den Handschuh
zurückbrachte, bricht der Jubel los. Bis zu dieser Stelle also könmnen Sie das
Sprechtempo leicht anziehen. Dann aber, in der 4. Z. der letzten Str., wird es breit
und ruhig, eben erzählend. Sie dürfen keineswegs selbst "in Jubel" fallen!Für die
Wiedergabe des Jubels genügt das vom Dichter vorgegebene Wort *schallt*. Sie
müssen auch nicht "schallen"! Sie brauchen das Wort nur zu artikulieren, und
geben Sie ihm, zusammen mit der ganzen Zeile, wieder eine dunklere Färbung.
Denn jetzt folgt mit "lieblicher Kopfstimme" Fräulein Kunigunde. Bitte
denunzieren Sie sie nicht, indem Sie sie nachäffen. Sie ist schon vom Dichter
gestraft.
Je schlichter, je einfacher Sie die Schlußzeilen sprechen, desto überzeugender sind
sie. Bitte beenden Sie das Gedicht nicht, indem Sie mit der Stimme quasi eine
Wurfbewegung ausführen (womit Sie den Wurf des Ritters nachahmen möchten).
Und auch die abschließenden Worte des Ritters geben Sie bitte so sachlich und
knapp wieder (nicht mit verachtender Zornesstimme!), so sachlich und knapp, wie
SCHILLER den Schlußsatz seiner Ballade gehalten hat.

---

[61] vergl. u.a. S. 107 ff.
[62] was nicht heißt: mit hoher verstellter Stimme!

126

Alphabetisches Verzeichnis der Dichter

Alphabetisches Verzeichnis der Werktitel

128

Benutzte Fachliteratur

ADERHOLD, E.: *Mit Leisbeweglichem Gefühl - Sprechkommunikation im Theater*; in "Dramaturgische Blätter" des Deutschen Theaters, Heft 18/1991
- *Sprecherziehung des Schauspielers*; 4. Aufl. 1993
- und WOLF, E.: *Sprecherzieherisches Übungsbuch*; 9. Aufl. 1994

ARNDT, E.: *Deutsche Verslehre. Ein Abriß*; Berlin 1960

BERTAUX, P.: *Friedrich Hölderlin*; Berlin; 1987

GLASER, V.: *Eutonie. Das Verhaltensmuster des menschlichen Wohlbefindens*; 3. Aufl.; Heidelberg 1990

HEUSLER, A: *Deutsche Versgeschichte*; 3 Bde; Berlin und Leipzig 1925-29

JAYNES, J.: *Der Ursprung des Bewußtseins*; aus dem Englischen von K. NEFF; Reinbek 1993 / Originalfassung: *The Origin of Consciousness in the Breakdown of the Bicameral Mind*; Boston 1976

KRECH, E.-M.: *Vortragskunst. Grundlagen der sprechkünstlerischen Gestaltung von Dichtung*; Leipzig; 1. Aufl. 1987

PÖPPEL, E.: *Lust und Schmerz. Vom Ursprung der Welt im Gehirn*; Sammlung Siedler. Berlin 2. Aufl.1993

SARAN, F: *Deutsche Verskunst. Ein Handbuch für Schule, Sprechsaal, Bühne*; Berlin 1934

WEITHASE, I.: *Kleines Vortragsbuch*; 1. Aufl. Weimar 1950

WELLER, M: *Das Sprechlexikon. Lehrbuch der Sprechkunde und Sprecherziehung*; Düsseldorf 1957

WINKLER, CHR.: *Deutsche Sprechkunde und Sprecherziehung*; Düsseldorf, 1.Auflage 1954

WINKLER, CHR.: *Gesprochene Dichtung. Textdeutung und Sprechanweisung*; Düsseldorf, 1. Aufl. 1958

Literarische Quellen:

BERTOLT BRECHT, Gedichte, Band IV, Berlin 1961
GEORG BÜCHNER, Werke in einem Band, Leipzig 1952
GOTTFRIED AUGUST BÜRGER, Bürgers Werke in einem Band, Berlin 1990
WILHELM BUSCH, Wilhelm Busch - Album, Berlin o.J.
JOSEPH VON EICHENDORFF, Werke Band I, Leipzig 1941
JOHANN WOLFGANG GOETHE, Poetische Werke (Berliner Ausgabe),
       Band I, III, IX, Berlin 1965
GEBRÜDER GRIMM, Deutsche Kinder- und Hausmärchen der Brüder Grimm in
       ihrer Urgestalt, Band I, Lindau o.J.
HEINRICH HEINE, Gesammelte Werke, Band I und II, Berlin 1956
HERMANN HESSE, Gesammelte Werke, Frankfurt a. Main 1987
FRIEDRICH HÖLDERLIN, Werke, Leipzig o.J.
ARNO HOLZ, in:100 Jahre Lyrik, Zürich 1992
HEINRICH VON KLEIST, Werke Band IV, Leipzig o.J.
ALFRED LICHTENSTEIN, in: Tango mortale, Groteske Gedichte, Berlin 1988
THOMAS MANN, Werke Band IX, Berlin 1958
ALFRED MOMBERT, in: Kristall der Zeit, Leipzig, o.J.
RAINER MARIA RILKE, Duineser Elegien, Frankfurt a. Main 1994
FRIEDRICH SCHILLER, Werke in 12 Bänden, Band I und IV, Berlin o.J.
ERNST STADLER, Über die großen Städte, Gedichte, Berlin/Weimar 1965
KURT TUCHOLSKY, Ausgewählte Werke Band II, Berlin 1979

Sachregister

Die Deutsche Bibliothek – CIP-Einheitsaufnahme

Aderhold, Egon:
Das gesprochene Wort : sprechkünstlerische Gestaltung
deutschsprachiger Texte / Egon Aderhold. – Berlin :
Henschelverl., 1995
ISBN 3-89487-230-6

ISBN 3-89487-230-6
© Henschel Verlag Berlin 1995
Schutzumschlaggestaltung: Krüger & Schwengle GmbH
Druck- und Binderei: Druckhaus „Thomas Müntzer", Bad Langensalza
Printed in Germany